ESCRITOS INEDITOS DE
ENRIQUE SANTOS DISCEPOLO

Norberto Galasso

ESCRITOS INEDITOS DE
ENRIQUE SANTOS DISCEPOLO

EDICIONES DEL PENSAMIENTO
NACIONAL

LOS NACIONALES EDITORES

A. JAURETCHE, **Las Polémicas de Jauretche** — 1º parte — (F. Luna, E. Sábato, A. Jurado, V. Pueyrredón, B. del Carril, L. Justo, B. Genta.)

A. JAURETCHE, **Que al salir salga cortando** — Polémicas 2º parte — (A. Alsogaray, I. Rojas, R. Prebisch, F. Manrique, Pastor, M. Grondona.)

A. JAURETCHE, **Libros y alpargatas, "civilizados o bárbaros"** — Polémicas 3º parte — (Mármol, Sarmiento, R. Rojas, Martinez Estrada, Borges, B. Guido, Cortázar.)

A. JAURETCHE, **Barajar y dar de nuevo** — Polémicas 4º parte — (Aramburu, Gonzalez del Solar, A. Ghioldi, Frigerio, Costantini.)

Todas con Introducción, comentarios y selección de NORBERTO GALASSO.

EDICIONES DEL PENSAMIENTO NACIONAL
Colección los malditos

N. Galasso, **MANUEL UGARTE:** un argentino "maldito".

N. Galasso, **ENRIQUE SANTOS DISCEPOLO:** escritos inéditos.

N. Galasso, **RAUL SCALABRINI ORTIZ** y su lucha contra la dominación inglesa.

N. Galasso, **FELIPE VARELA** y la lucha por la unión latinoamericana.

N. Galasso, **J.J. HERNANDEZ ARREGUI:** del peronismo al socialismo.

1ª edición / *1ª reimpresión*

ISBN: 950-581-772-X

© 1986 Ediciones del Pensamiento Nacional
Adolfo Alsina 1290 - 1er. piso
Queda hecho el depósito que dispone la ley 11.723
Impreso en la Argentina — Printed in Argentina

INTRODUCCION

Arturo Jauretche designó con el nombre de "Malditos" a aquellos argentinos condenados al silencio y al olvido por la superestructura cultural manejada por la clase dominante. Se trata de los Quijotes que tuvieron la osadía de levantar su palabra en punta contra los mitos consagrados, negándose a la complicidad con intelectuales, artistas y políticos que lograban fama a cambio de "lamer la propia cadena que los esclavizaba". Grandes diarios, revistas, editoriales, academias, escuelas, universidades, ateneos, suplementos literarios, premios municipales y nacionales, radio, cine, teatro y últimamente televisión, todo se les negó, para impedir que con sus ideas concurriesen a construir una cultura nacional que pusiera en cuestionamiento a la cultura antinacional establecida para reasegurar el coloniaje implantado en los terrenos económico y político. Fueron "malditos", aunque su inteligencia tuviera luces muy superiores a los mediocres que ocupaban el escenario. Fueron "malditos" aunque su capacidad de trabajo les permitiese producir una importante obra histórica, artística o literaria.

Fueron "malditos", pero ya no lo son en tanto nuestro pueblo viene recorriendo desde hace cuatro décadas un camino de incesante descubrimiento de la realidad nacional y paso a paso va derrumbando viejos ídolos y mitos consagrados. Mañana serán seguramente los grandes argentinos de este siglo, los pensadores audaces que abrieron picadas en la maraña de la confusión organizada para que entrasen los primeros rayos de luz. Al hablar de ellos, no hacemos sino adelantarnos, con absoluta certeza de que el futuro es nuestro, a esa justicia merecida que habrá de llegar.

○●○●●○●○

Enrique Santos Discépolo pudo ser uno más en la lista de sentenciados y no faltó la medida represora dirigida a borrar su recuerdo, ni la cuidada expurgación de su nombre en las antologías por parte de los plumíferos bienpensantes. Sin embargo, no han logrado acallar su voz. Discépolo, con esa picardía singular de los juglares, se les escapa a las fiestas populares, a la conversación de esquina, a las radios camioneras de la madrugada, a los viejos bares del suburbio e incluso se les introduce imprevistamente en alguna revista literaria juvenil y hasta en una mesa redonda de la "gente sabia" de las universidades. Con Discépolo no "ha podido" la superestructura cultural, productora de zonzos en serie, porque la protesta de sus versos nace naturalmente en las bocas del pueblo ante las reiteradas Décadas Infames que debe afrontar.

No logrando silenciarlo, sin embargo, se ha empleado contra él otra vieja técnica: la deformación, intentando esterilizar su imagen en alguno de los santuarios oficiales. Así, se ha pretendido arrinconarlo en la mitología de la noche porteña y reducir su dimensión hasta meterlo "de prepo" en la pantalla de televisión para que alguien le rece de vez en cuando una lacrimógena oración tanguera. Trampa también, porque si Discépolo era letrista lo era en el sentido que le daba Manzi —"hombre que hace letras para los hombres"— y si componía tangos lo hacía porque a través de "ese" pensamiento triste que se puede bailar" podía expresar el dolor, la frustración y la protesta de las multitudes. Del mismo modo se ha intentado desfigurarlo a través de semblanzas "pletóricas de ternura" donde los que fueron "sus amigos de toda la vida" recuerdan la anécdota trivial de este "gran filósofo de la calle Corrientes" para encasillarlo como masoquista, chistoso u otariote sentimental. Si Discépolo se burlaba a menudo de su pequeñez física, estos admiradores de mala fe, lo tornan cada vez más chiquito y evidentemente, no puede ser de otro modo, en un país al cual los sectores dominantes se empeñan en achicar día a día, una

Argentina que, como decía Antonio Machado de su patria, "nos la dejan pobre y escuálida y beoda... de carnaval vestida".

Para quebrar ese intento de deformación que se ejerce sobre la personalidad y la obra de Enrique Santos Discépolo, se publican estos escritos suyos, en su mayoría inéditos. A través de los mismos aparece el auténtico Discépolo y queda sentada claramente su verdadera significación en diversos campos de la cultura nacional.

En el cancionero popular, no fue un letrista más, sino que su obra escapa a la usual temática del hombre traicionado o la piba encandilada por las luces del centro, para convertirse en una implacable radiografía económico-social de la Década Infame, en un testimonio literario-político ilevantable que, ya sea por miedo, por incapacidad o por amordazamiento, no fueron capaces de producir los intelectuales argentinos de esa época, ni siquiera los que provenían del grupo Boedo y ostentaban la bandera del arte comprometido. "Yira...yira...", "Qué sapa, Señor?", "Tres esperanzas", "Quien más, quién menos", "Cambalache" y otros resumen dramáticamente la frustración de los argentinos sometidos al coloniaje en esos años treinta.

Al enfocar a Discépolo como el mayor poeta de esa época sombría, resulta significativo recordar que él integró allá por 1918 al 20, el grupo de artistas de la calle Rioja que acaudillaba el aguafuertista Facio Hebecquer, núcleo precursor de "Boedo" en su intento de poner el arte al servicio del pueblo. Y que justamente él, que no se dejó enredar con directivas partidarias, ni modelos extranjeros, fue quien alcanzó a percibir y a interpretar las emociones colectivas— el cuadro infame de la Argentina vasalla— con la profundidad y hondura que no lograron los demás. En esa discusión que mantienen, desde hace tiempo, los críticos literarios acerca de la verdadera dimensión del enfrentamiento Boedo-Florida, el veredicto popular señala el singularísimo caso de Discépolo, verificando en sus versos —y no en largas disquisiciones teóricas— lo que significa el arte entroncado en la lucha popular, concurriendo a construir una cultura nacional y por tanto revolucionaria en una semicolonia. No "revolución en las imágenes" como postulaba Borges ni tampoco pretendido arte revolucionario según consignas provenientes de una burocracia lejana, sino simplemente "sentir como propia la cicatriz ajena" y poseer la capacidad poética para recrear ese sentimiento como arte cuestionador, inclaudicable, tozudamente acusador.

Asimismo, si sus versos abren un curso distinto entre el mensaje panfletario y a veces truculento de la literatura boedense y la exquisita evasión de la pituquería de Florida, resulta también —como lo probaremos en el apéndice— que su intervención es decisiva para lograr otra síntesis, ahora en el teatro: aquella que logra resolver la falsa alternativa entre el sainete, con paisaje nacional, pero simplemente reidero y el dramón, generalmente remedado del teatro europeo. Esa síntesis es el grotesco, valiosa y singular expresión del teatro rioplatense cuya simbiosis de risa y amargura, la expone también Discépolo en audiciones radiales, guiones cinematográficos y charlas de café, a través de un humorismo ácido, de contornos definidamente críticos respecto al mundo en que le toca vivir.

En ese intento de deformación y empequeñecimiento, también se escamotea habitualmente otra faceta de Discépolo: el intérprete de primera línea que, tanto en la cinematografía (el personaje "Severino" de la obra "Mateo" o el personaje central de "El hincha") o en el teatro ("Wunder Bar" y "Blum") ha dejado recuerdos imborrables que tornarán luego muy difícil, a muy buenos actores, la asunción de dichos roles sin que la comparación los perjudique. Del mismo modo, en ese intento de colocarlo en los suburbios de "lo culto" por el pecado de haber pisado firme en el terreno de la cultura nacional, distraídamente quedan en la penumbra otras facetas de su desbordante personalidad: sus esfuerzos por dar impulso a un cine nacional desempeñándose como guionista y director, sus charlas radiofónicas de los años treinta o sus audiciones radiales del año 1947 escritas por él mismo, su actuación como director del Teatro Nacional Cervantes donde puso en escena, entre otras, la obra "Antígona Vélez" de Leopoldo Marechal.

Finalmente, este inquietísimo hombre de esmirriado físico y gran pasión por crear cultura, después de largos años de desarrollar una intensa labor gremial en la Sociedad de Autores y Compositores de Música, se lanza de lleno a la liza política en 1951 jugando todo su prestigio e incluso su vida misma, al adherir con militante fervor a la causa de la Revolución Nacional. Es el "Mordisquito" que no le perdonarán nunca.

Ese es el Discépolo auténtico que debe rescatarse plenamente para la cultura nacional. Ese que mantiene una consecuencia inquebrantable a través de los hitos principales de su existencia: el joven de simpatías anarquistas admirador de Goya y los escritores rusos, vinculado a artistas sociales, es luego el lector fervoroso de Pirandello y el que lucha por levantar el sainete al nivel del grotesco; el que percibe la tremenda angustia popular de los años treinta y la recrea en sus tangos es el mismo que, impactado por la alegría de las multitudes después del año 45, se suma al combate a través de sus charlas de 1951 exultante de entusiasmo ante una política de liberación económica y justicia social. Ese Discépolo, todo, entero —no el de las biografías mediatizadas, no el de la insustancial anécdota del programa de televisión— es el que debe ser resguardado en su verdad.

Y es a ese Discépolo precisamente al que quieren hurtar o desfigurar. Al que odian profundamente porque entregó su talento —como él dijera– "de corazón al pueblo pues sabía que los pueblos no engañan nunca y devuelven, como la tierra, un millón de flores por una semilla seca". De ahí que después del golpe del 16 de setiembre de 1955, se quitara su nombre de un teatro de la calle Corrientes. Por eso también la ordenanza municipal sancionada en 1966 disponiendo que se designara "Discépolo" a la calle "Salónica" fue dejada sin efecto pocos meses después. Asimismo, habiéndose repuesto su nombre al mismo teatro y a la misma calle en 1974, se revieron ambas medidas después de marzo de 1976 con estos asombrosos argumentos: a la calle, pues ya había un teatro con ese nombre... ¡y después al teatro! sosteniendo que correspondía reponer la designación originaria —Marcelo T. de Alvear— en mérito al apoyo que este presidente había otorgado a la creación artística. Así, recurriendo a estas deleznables maniobras, se volvió a perseguir a Enrique Santos Discépolo después de su muerte para cobrarle el pecado de mantener toda su vida una permanente lealtad a su pueblo.

La publicación de estos escritos de Discépolo lleva el propósito de aventar definitivamente esos tejemanejes del aparato distribuidor de fama que todavía funciona en la Argentina. Sin desmerecer a tantos poetas del cancionero popular —que los hay muy buenos— el verdadero Discépolo aparece aquí indubiblemente y se coloca, al igual que Homero Manzi —el también escamoteado orador, escritor, poeta y político— en otro plano más importante, como espíritu auténticamente creador que enriquece a la cultura nacional.

Quizás él, a quien jamás le preocuparon los desaires del mundo oficial y que nunca pretendió colgarse premio alguno en la solapa, ni ingresar a una Academia, al ver ahora las palabras suyas "encanutadas" en un libro, levantaría los hombros inquisitivamente y remarcando gestos lanzaría con agudo énfasis un "¿Y para qué? ¡Déjalos! ¡Total! ¡A quién se la van a contar!" Y en esas palabras viviría plenamente la certeza de Discépolo de que por sobre las mezquindades de los hombres que puedan accidentalmente ocupar por algún tiempo alguna columna de los periódicos, está su triunfo indiscutible, demoledor, tremendo, cuando a treinta años de su muerte, en la esquina de la madrugada, se levanta todavía un silbido en el cual late la vieja acusación:

"vivimos revolcaos en un merengue
y en un mismo lodo todos manoseaos
,....................
¡qué falta de respeto!
¡qué atropello a la razón!
Igual que en la vidriera irrespetuosa
de los cambalaches
se ha mezclao la vida
Y herida por un sable sin remaches
ves llorar la Biblia ¡contra un calefón!

Norberto Galasso
Buenos Aires, Agosto de 1981

— I —
AUTOBIOGRAFIA

"Negar que he deseado ser querido, sería una impostura. Lo he soñado, lo he padecido y lo sufro con agrado. Siempre he deseado que me quisieran, aunque esta aspiración no conduzca jamás a buenos resultados comerciales, ni traiga aparejada una libreta de cheques. Pero mi capacidad fraternal es tan sincera, de tan sencilla buena fe, que soy de los que quieren, sin discriminar, a la guía telefónica entera. Quiero a los que me saludan y quiero hasta a los que me estafan...

Soy un hombre agradecido. Y además, un hombre simple. Mi cédula de identidad dice que tengo cuarenta y seis años y lo único grave es que es cierto. Los que me conocen personalmente saben que tengo más años que kilos...

Soy un hombre vulgar. Soy un hombre solo (porque quedé sin padres desde chico). Y solo porque tuve la bendita anunciación de un éxito desde muy joven. Lo había soñado, como se sueña a veces lo que será un destino. Pero... ¡solo! Porque pasé de la sencilla soledad de una infancia triste, a esta madurez de hombre parado en una esquina, también solo y sin tener con quién trenzar prosa... En el largo y penoso diálogo de mi vida no he tenido más interlocutor que el Pueblo. Siempre estuve solo con él. Afortunadamente con él. El Pueblo me devolvió la ternura que le dí y yo —fulano de tal— soy el hombre que conversa con la multitud como con su familia y cuenta, en voz alta, lo que la multitud— que es él o igual a él— ansía que le digan.

Cuando pibe, nunca entendía la división de quebrados: numerador... denominador... ¡Qué lío! Nunca fuí fuerte para los números y ésto lo saben bien mis empresarios y los gerentes de varios Bancos... Lo cierto es que un día, por culpa de las matemáticas, me hice la primer rabona... Pero lo que dejé de aprender en el colegio, lo recuperé en la calle, en la vida. Tal vez allí, en ese tiempo tan lejano y tan hermoso como todo lo que **fue,** tal vez allí, haya empezado a masticar las letras de mis **canciones**..

Mi padre fue un gran músico. Mis hermanos también. El único músico malo de la familia era y soy yo. Pero dije mi canto porque será un destino el que me hizo saber que un tango puede escribirse con un dedo, pero con el alma, porque un tango es la intimidad que se esconde y es el grito que se levanta airado, desnudo... Un tango está en el aire como el aire, está en el vuelo curvo de los pájaros, en la esquina distante y en la pared descascarada que muestra una llaga de ladrillos... Por eso compuse muchas canciones. No he vivido las letras de todas ellas... pero las he sentido todas, eso sí. Me he metido en la piel de otros y las he sentido en la sangre y en la carne... Yo vivo los problemas ajenos con una intensidad martirizante impropia de estos pocos kilos que visto y calzo... Porque estoy en la vereda de enfrente en todo... en amor, en salud y en dinero... Tuve y no tuve... A veces, me sobraron las cosas y a veces me faltaron... He vivido en siete y medio perpetuo: a veces, me pasaba y a veces, me quedaba corto. El equilibrio tuve que ponerlo yo porque la vida me venía siempre despareja. Ese es mi pequeño orgullo, si es que tengo alguno. Haber equilibrado lo bueno con lo malo, el sobrante con la escasez, la rosa con la espina. De allí tal vez nació esta filosofía que no aprendí en ningún libro, pero que tiene la forma de mi boca y de mi voz y que me ayuda a andar por la vida teniendo más amigos que enemigos, siendo más bueno que malo y más amable que cruel...

Digo que soy bueno y en realidad creo que lo soy, pero los buenos casi siempre despertamos un poco de piedad. En verdad, la bondad no es profesión que halague. Al contrario: duele. Más de una vez hubiera querido ser malo, de estafado perpetuo pasar a estafador, de hombre mordido a hombre que muerde. Pero nunca pude hacerlo. Para todo se necesita una educación, una sangre especial. Para ladrar hay que ser perro. Y no se puede ser luna y perro a la vez.

La filosofía que campea en mis tangos, la aprendí en la calle, en la vida, en aquellos años de bohemia de mi juventud... Hay cosas que no se aprenden en los libros, cosas que aprendí solo... como cualquier ciudadano que camina y respira. Pasé por todas las etapas y no me avergüenzo: a los quince años hice versos de amor, muy malos... A los veinte, henchido de fervor humanista, creí que todos los hombres eran mis hermanos... A los treinta... hum... a los treinta, eran apenas primos... Ahora, estafado y querido, golpeado y acariciado, creo que los hombres se dividen en dos grandes grupos: los que muerden y los que se dejan morder...

Quiero entregar mis recuerdos sin énfasis y si es posible, sin cursilerías, a este pueblo mío con el que mantengo, a través de muchos años, un largo diálogo de comuniones silenciosas y del cual nacieron todas mis canciones. Sabía que nada tiene que temer quien se da, como me dí, de corazón a un pueblo, porque los pueblos no engañan nunca y devuelven como la tierra, un millón de flores por una semilla seca" ([1])

II

"Nací el 27 de marzo de 1901... Como ven, camino por la vida un paso atrás de nuestro siglo. Yo bien quisiera ir un paso adelante, pero le tengo miedo al papel de precursor.

De mi infancia conservo pocos recuerdos. Mejor dicho, procuro no conservarlos. Tuve una infancia triste. Nunca pude decir aquello de "cachurra monta la burra", ni hallé atracción alguna en jugar a las bolitas o a cualquiera de los demás juegos infantiles. Vivía aislado y taciturno. Por desgracia, no era sin motivo. A los cinco años quedé huérfano de padre y antes de cumplir los nueve perdí también a mi madre. Entonces, mi timidez se volvió miedo y mi tristeza, desventura. Recuerdo que entre los útiles del colegio tenía un pequeño globo terráqueo. Lo cubrí con un paño negro y no volví a destaparlo. Me parecía que el

mundo debía quedar así, para siempre, vestido de luto.
 Fuí a vivir a la casa de unos parientes ricos. Pero me sentía solo, intruso... El primer colegio al que concurrí era de curas. Luego pasé al colegio del Estado. Después ingresé en el Normal, pues estaba destinado a ser maestro de escuela. Cursé hasta el segundo año. Fuí un buen estudiante. Un año dí examen tres veces. Una vez por mí y otras dos por dos compañeros que estudiaban como alumnos libres. De los tres, uno, que era yo, quedó aplazado. Pero los otros dos pasaron. Quedé tranquilo con mi conciencia. No pudieron descubrirme porque eran distintos profesores y no nos conocían a ninguno de los tres.
 Mientras estudiaba para maestro descubrí mis facultades de actor. Fue en los ejercicios prácticos cuando daba lección a los chicos. Explicando mi clase, más que un profesor, parecía un monologuista. Recitaba, accionaba y hasta les marcaba el tipo. Esta vocación me la despertó y desarrolló el ambiente que respiraba en mi casa. Vivía por entonces con mi hermano Armando, que era y es bastante mayor que yo. Ambiente bohemio de gente de teatro: autores, actores y músicos eran visitas constantes de nuestra casa. Aquello me quitó pronto la escasa vocación que sentía por la enseñanza. Entonces empecé por hacerme la rabona. En vez de ir al Normal, me iba a una librería que había enfrente del colegio. Llevaba el mate y bollos para convidar al librero y él me prestaba libros. Pero no eran libros de texto, sino de teatro, de viajes, de aventura, de cuentos. Así seguí haciendo el cuento unos meses hasta que un día le dije a mi hermano que no quería ser maestro de escuela sino actor. Y antes de cumplir los dieciséis años debuté con Roberto Casaux.
 Desde entonces, he vivido siempre vinculado al teatro no sólo como actor, sino también como autor. Como ya he dicho, nuestra casa era el punto de reunión obligado de la barra de mi hermano Armando. Allí iban entre otros Rafael José de Rosa, Pedro E. Pico, Defilippis Novoa, Federico Mertens, Mario

Folco. Yo veía que todos eran autores y naturalmente, también quise serlo. Para eso tenía mis buenos diez años de colegio. No podían decir otro tanto muchos saineteros. Ya que no podía ser maestro de escuela pensé que, por lo menos, sería aprendiz de comediógrafo.

Mi primer obra se tituló "Los duendes" y la escribí en colaboración con Mario Folco. No nos costó mucho estrenarla, pues estábamos metidos en el ambiente. Se la llevamos a Pascual Carcavallo que nos la estrenó en "El Nacional", en la temporada de 1918...

Fuí un autor precoz pues no deja de ser precocidad estrenar a los diesiete años. Como el autor y el actor se iban desarrollando simultáneamente dentro de mí, mi haber de comediógrafo no es muy crecido. Sin embargo, ya solo, ya en colaboración, llevo estrenadas varias obras. Además de "Los duendes", una pieza cómica que me estrenó Blanca Podestá y que se titula "Día feriado"; "El señor cura", inspirada en un cuento de Maupassant que me estrenó Félix Blanco en "El Excelsior"; "El hombre solo" una comedia que estrenó una compañía que dirigía Miguel Gómez Bao y dos sainetes "El organito" y "Caramelos surtidos", estrenados ambos en "El Nacional". Sin estrenar, no tengo nada. Sólo ideas, proyectos de obras. Pero inédito no tengo nada. Todo lo que yo he escrito ha sido estrenado, aunque no siempre con mi nombre... A veces también se han estrenado con seudónimo... Pero no vale la pena aludir a ésto. Yo también he firmado algunas escenas que no eran mías sino de mis colaboradores..." ([2])

"El modelo que seguí en mis obras fue la vida. ¿Qué mejor modelo? No hay nada más teatral, más diverso, más humano, más complejo, más pintoresco, más serio y más cómico que la vida misma. Lo que sucede es que para tomar un trozo de la realidad y trasplantarlo a la escena, hay que ser muy autor. Algo de eso quise hacer yo en mi breve labor teatral, especialmente en "El organito" y "Caramelos surtidos". Esta última es un pedazo de calle llevado al teatro. Se me ocurrió observando el movimiento de una esquina de mi barrio...

Con respecto a mi actuación en los escenarios, le diré que aún cuando haya dejado de trabajar en el teatro, nunca dejé de ser actor. Justamente mi obra de autor, yo la veía, antes que nada, desde el plano del intérprete. Antes de hacer hablar a mis personajes, solía dibujarlos, dotarlos de una envoltura física. Y lo mismo me ha ocurrido con mis tangos. Casi todos ellos están concebidos y realizados a base de un tipo. Estando en Europa he llegado a recitarlos como actor, suprimiendo la música. Y con la letra sola, tenía efectos eficacísimos de emoción o de risa.

En lo que atañe a mi labor de compositor, considero que componer un tango no es menos difícil, ni trabajoso, que escribir un drama o una comedia. Tengo algunos tangos que me han llevado más tiempo desde que los ideé hasta que los terminé, que cualquiera de mis obras teatrales. Y es que la creación de un tango, no puede ser repentista, al menos para mí. No es cosa de payadores sino de poetas, de artistas. Populares si usted quiere, pero que no por eso dejan de ser artistas y poetas.

Lo primero que me preocupa de un tango nuevo es la idea. A veces la he buscado mucho tiempo antes de encontrarla, como solía ocurrirles a los poetas clásicos. Otras veces, la idea se me aparecía sin esfuerzo, por gracia de las musas, como dicen que les pasaba a los poetas románticos. Pero, en ambos casos, después de tener la idea, he necesitado rumiarla, madurarla, darle muchas vueltas en "el ventilador del mate" antes de ponerme a darle forma.

Cuando tengo la idea, la encarno en un tipo. Cuando tengo el tipo, voy haciendo la letra y componiendo la música. Las palabras, las voy cambiando para adaptarlas a la partitura, pero sin alterar nunca el sentido de la idea central. Y cuando todo está listo, la idea y el tipo, la letra y la música, se lo entrego al instinto popular que casi nunca se equivoca. Tengo la certeza de que los tangos que no tienen éxito es porque no lo merecen. A mí, al menos, nunca se me ha ocurrido rebelarme ante el fallo popular...

Mis mayores éxitos fueron "Esta noche me emborracho" y "Yira... yira...", haciendo puesta. Placé de éstos entró "Confesión", seguido de "Carillón de la Merced" y de "Secreto". También dieron un buen sport "Alma de bandoneón" y "Malevaje", cuya letra me pertenece. Todos los que he citado son de fondo dramático. Esto confirma mi convicción de que el tango, nuestro tango, es de esencia dramática... Tangos cómicos exclusivamente no tengo más que uno: "Justo el 31". Y no pasó nada con él. En arte, lo cómico por lo cómico nunca va muy lejos. Esto lo saben bien los humoristas que siempre se quedan más acá de la raya popular. Y es que al pueblo no le gustan los chistosos profesionales. Los tolera y hasta los festeja, pero se cansa pronto de ellos. Yo tengo algunos tangos de forma cómica, pero de fondo serio. Son de ese género que hemos convenido en llamar "grotesco". Estos sí que suelen pegar. Es porque reflejan un aspecto de nuestro modo de ser. El criollo y sobre todo el porteño, tiene el pudor de sus emociones y de sus sentimientos. Por eso, no los exterioriza. Trata de despistar cuando habla. Es el temor a la cachada. Y para que no lo cachen los demás, se cacha él mismo. ¡La cachada! Que tema para un ensayista desocupado... En ella reside nuestra debilidad y nuestra fuerza. Por temor a ella, cada vez que emprendemos algo, ponemos en juego las catorce antenas de nuestra radio interior. Quiero decir, que todas las potencias de nuestro espíritu entran en acción. Y si a pesar de ello, fracasamos, nos burlamos a gritos de nuestro fracaso para evitar que se burlen los demás..." [3]

"Mis tangos son de esencia dramática, pero el drama no es invento mío. Acepto que se me "culpe" del perfil sombrío de mis protagonistas, por aceptar algo no más: que es la vida la verdadera y única responsable de ese dolor... Alguna vez lo dije y lo repito ahora: yo he tenido el coraje de expresar en alta voz lo que los otros piensan en silencio..." (⁴)

Notas:

(¹) Radio Belgrano —setiembre/diciembre— 1947.
(²) Ver Apéndice. Sobre el grotesco.
(³) En "Treinta vidas de artistas argentinos". Declaraciones a Andrés Muñoz.
(⁴) Archivo "El laborista".

— II —
COMO NACIERON MIS CANCIONES (*)

(*) Entre setiembre y diciembre de 1947, Enrique Santos Discépolo desarrolló un ciclo de audiciones por LR3 Radio Belgrano titulado "Cómo nacieron mis canciones". En el mismo y al tiempo que se escuchaban sus tangos cantados por Tania, explicó cuál había sido el origen de cada tango. De estas audiciones —preparadas por el mismo Discépolo— se conservan sólo algunas, no existiendo, por ejemplo, las correspondientes a "Que vachaché" y "Cambalache", ya sea por haberse extraviado o porque no fueron expuestas por su autor.

Este material inédito se ha completado en algunos casos con declaraciones ocasionales hechas por Discépolo a la prensa y donde aborda el mismo tema, explayándose sobre los motivos que dieron nacimiento a sus versos.

POR QUE Y COMO ESCRIBO TANGOS

"Escribo tangos porque me atrae su ritmo. Lo siento con la intensidad de muy pocas otras cosas. Su síntesis es un desafío que me provoca y que yo acepto complacido... Decir tantas cosas en tan corto espacio. ¡Qué difícil y qué lindo!

Para escribir un tango distribuyo mentalmente las incidencias centrales. Divido en partes el conflicto y atento al estado (al estado sicológico, me refiero), al estado anímico, trato de comentarlo con música. Sigo al personaje en su desconsuelo, en su alegría, en su rabia. No he pensado nunca en el otro "Estado", con mayúsculas. De haberlo hecho habría evitado la suspensión por radio de mis canciones ([1]). A veces, siguiendo a mis personajes en su alegría y su rabia, disloco mis músicas lo que sorprende y fastidia a muchos músicos. Dicen que sacrifico la línea melódica en homenaje a la letra y están en un error. Yo rompo de intento la imagen musical trazada. Me lo exige una necesidad. Quiero que la música diga lo que luego aclararán aún más las palabras. En el reducidísimo espacio de una letra de tango vive toda una historia que salta, se aquieta, llora, ríe, comenta, maldice o se angustia. ¿Cómo sería posible que la música se independice de ello?

Un tango es una expresión libre. Su estructura y su técnica constructiva dependen pura y exclusivamente del tema que lo mueve a cantar dándole vida. Los grandes músicos no podrán hacer nunca un tango expresivo. Los mata al tecnicismo matemático que el tango de por sí rechaza.

Uso el argot por la sencillísima razón de que es más completo en la pintura. Hay estados o tipos o lugares para los cuales el símil académico es impropio por lo desusado. No entiendo por qué es más propio "robar" que "afanar" ¿Por hábito? Bah... Lo que sucede es que hay palabras feas y palabras lindas... Tanto la Academia, como el argot, tienen un sinnúmero de palabras que me desagradan. Utilizo de ambas las que me gustan por su sabor rotundo o pictórico o dulce. Las hay amplias, curvas, melosas, dolientes. Y las hay en todos los idiomas. Y si mi país, cosmopolita y babilónico, manoseándolas a diario, las entiende y yo las preciso, las enlazo lleno de alegría. Nuestro lunfardo tiene aciertos de fonética estupendos. Quieren matarlo. Hacen reír. Me hacen gracia esos que creen que los idiomas los han hecho los sabios. Si la necesidad de un pueblo es capaz de crear un genio ¿cómo pretenden que se detenga en la creación de una palabra que le hace falta? Y el lunfardo, en su casi totalidad, se distingue por eso. Su vocablo es siempre más gráfico que el que sustituye, más poderoso y más nuestro. En "Soy un arlequín" me abstuve de usarlo porque no me hizo falta..."([2])

"Mis canciones nacen así: voy caminando por Corrientes y se me aparece un tango en el oído. Primero se me ocurre la letra, es decir, el asunto. El tema me empieza a dar vueltas en la cabeza durante varios días. Hasta que de pronto estoy sentado en la mesa de un café, leyendo en mi casa o caminando por la calle y empieza a zumbarme en el oído la música que corresponde a ese estado de espíritu, a esa situación de tango. Y aquí se me presenta la tragedia porque yo no sé música. Al piano, apenas le saco cuatro notas. Aprendí violín un año y medio y nunca pude tocar medianamente bien. Y desde luego, no sé escribir música. Cuando el tango me empieza a silbar en el oído corro a buscar a un amigo para que me lo escriba. Muchas veces, no lo encuentro enseguida. Y aquí empieza la desesperación para que esas notas, esas notas que de repente se me han presentado —porque es así, se me han presentado— no se me vayan. Entonces, empiezo a cantarlas. Y sigo cantándolas en voz alta. Aunque vaya por la calle y todos se paren a mirarme como a un loco. Aunque esté en un café y de todas las mesas se vuelvan hacia mí. En ese momento, nada me importa. Lo único que me preocupa es que no se me escape mi tango. Retenerlo con el canto hasta que me lo vengan a atar a la escritura... Y así hasta que el tango quede fijo en el papel. Pero el origen del tango es siempre la calle. Por eso, voy por la ciudad tratando de entrar en su alma, imaginando en mi sensibilidad lo que ese hombre o esa muchacha que pasan quisieran escuchar, lo que cantarían en un momento feliz o doloroso de sus vidas"... ([3])

"...Muchos tangos han sido escritos en momentos de desesperación. La canción ha salido de los autores como una reacción, como una liberación ante una situación apurada. Pasada la situación, se acabaron los tangos que no eran otra cosa que la expresión de un momento de dolor, de tristeza o de rabia. Yo, sin pensarlo, seguramente escribí cuando sentí la necesidad de oírlos. Esa misma necesidad la sienten otros y entonces el tango recibe aceptación. El personaje de mis tangos es Buenos Aires, la ciudad. Alguna sensibilidad y un poco de observación han dado la materia de todas mis letras.

Mi primer tango lo hice en una época difícil. Vivía con Armando en un departamento y él tenía ya planeada la obra Stéfano. Sólo era cuestión de ponerse a trabajar, pero no obstante la absoluta necesidad de sacar la obra adelante, única esperanza que nos quedaba entonces para sortear una difícil situación, yo era siempre el que fallaba...Llegada la hora de ponernos a escribir, yo desaparecía en un altillo con mi guitarra... Allí me valía del sistema más raro. Compuesta una frase, trataba de sacarla en la guitarra y luego, fijándome en la posición de los dedos, la anotaba con dos números, uno que indicaba el traste de la guitarra y el otro, la cantidad de golpes que era preciso dar. Con eso bastaba. Usando esos apuntes que todavía empleo, me aprendía la pieza de memoria que tocada por mí, podía ser transcripta al pentagrama por cualquier amigo mío de esos que saben escribir..." ([4])

"...En cuanto a los temas, no se trata de que yo haya intentado darle jerarquía al tango. Mi propósito fundamental fue darle un contenido humano y real..." ([5])

COMO ESCRIBI "ESTA NOCHE ME EMBORRACHO"

> *"Fiera venganza la del tiempo*
> *que le hace ver deshecho*
> *lo que uno amó...*
> *...Este encuentro me ha hecho tanto mal*
> *que si lo pienso más*
> *termino envenenao..."*

"Me encontraba en Córdoba, en una estación de tuberculosos. Habíamos ido a acompañar a un amigo que, al poco tiempo, murió. El cuadro de este amigo que se sabía enfermo y que nada hacía por curarse, porque era inútil, comenzó a invadirme con su enorme, inapelable, dolor. En una casita de enfrente vivía un matrimonio. Los dos estaban tuberculosos y trataban de ocultarlo entre ellos mismos, de aturdirse y todo era inútil. Se me empezó a aparecer entonces la idea del alcohol, del aturdimiento, del no pensar en los males que no tienen remedio. Pero con este tema no se podía hacer un tango. Era demasiado tétrico. En Córdoba recogí, pues, la semilla. Luego, la trasladé a la ciudad y la ciudad le dió forma. Forma completamente distinta pero con dolor igualmente inapelable. El tiempo que envejece es tan indesviable como la muerte que llega. La ruina de la mujer que ha sido joven y ha sido linda es tan triste como el espectáculo de la salud que se va. Y de todos modos, para todo lo que no hay remedio, yo sentí el grito de mi tango: aturdirse...

Yo veo el dolor en todos los que tengo delante, me posesiono de su situación, comprendo cuáles son sus problemas y enseguida me pongo en su lugar y siento como sienten ellos mismos, percibo, como si fuera mío, el sufrimiento ajeno. Puesto en la situación de ellos, el tango sale como si les doliera a ellos mismos..." ([6])

". . .Aquella idea la encarné luego en un hombre que encuentra aquello que amó tanto, aquello que fue su gran amor, convertido en un harapo. La idea llega y golpea dejándome herido, enfermo, pleno de tristeza. Entonces me recojo, sufro, hago mi pequeño drama interior con el drama intuído antes. . . Así van surgiendo las frases: "Sola. . . fané. . . descangayada. . .". Eso es. La pintura de la visión cruel de la mujer vencida. Luego viene el complemento, el adorno, la corona de espinas que le cuelgo a la imagen de la pobrecita: "Flaca. . . dos cuartas de cogote. . .". Enseguida, sobreviene el recuerdo de lo que ella fue en el tiempo en que yo la quería. . . Más tarde, los remordimientos por el mal que le hice a los demás y por el que me hice a mí mismo. . . Y por fin, la situación final, la imprescindible obligación de aturdirme, de "mamarme bien mamao", para olvidar. . ." ([7])

COMO ESCRIBI "YIRA. . . YIRA. . ."

"Cuando la suerte que es grela
fayando y fayando
te largue parao. . . .
Cuando estés bien en la vía,
sin rumbo, desesperao. . .
Cuando no tengas ni fe,
ni yerba de ayer
secándose al sol
Cuando rajés los tamangos
buscando ese mango
que te haga morfar. . ."

"Yira...Yira..." surgió, tal vez, como el más espontáneo, como el más mío de los tangos, aunque durante tres años me estuvo "dando vueltas". Porque sí está inspirado en un momento de mi vida. Venía yo, en 1927, de una gira en la que nos había ido muy mal. Y después de trabajos, fatigas, luchas y contratiempos regresaba a Buenos Aires sin un centavo. Me fuí a vivir con mi hermano Armando a una casita de la calle Laguna. Allí surgió "Yira... Yira...", en medio de las dificultades diarias, del trabajo amargo, de la injusticia, del esfuerzo que no rinde, de la sensación de que se nublan todos los horizontes, de que están cerrados todos los caminos. Pero en aquel momento, el tango no salió. No se produce en medio de un gran dolor, sino con el recuerdo de ese dolor" ([8])

"Yira... yira..." nació en la calle. Me la inspiraron las calles de Buenos Aires, el hombre de Buenos Aires, la rabia de Buenos Aires... La soledad internacional del hombre frente a sus problemas...

Yo viví la letra de esa canción. Más de una vez. La padecí, mejor dicho, más de una vez. Pero nunca tanto como en la época en que la escribí. Hay un hambre que es tan grande como el hambre del pan. Y es el hambre de la injusticia, de la incomprensión. Y la producen siempre las grandes ciudades donde uno lucha, solo, entre millones de hombres indiferentes al dolor que uno grita y ellos no oyen. Londres gris, Nueva York gris, Buenos Aires..., todas deben ser iguales... Y no por crueldad preconcebida sino porque en el fárrago ruidoso de su destino gigante, los hombres de las grandes ciudades no pueden detenerse para atender las lágrimas de un desengaño. Las ciudades grandes no tienen tiempo para mirar el cielo... El hombre de las ciudades se hace cruel. Caza mariposas de chico. De grande, no. Las pisa... No las ve... No lo conmueven...

Yo no escribí "Yira... yira..." con la mano. La padecí con el cuerpo. Quizás hoy no la hubiera escrito porque los golpes y los años serenan. Pero entonces tenía veinte años menos y mil esperanzas más. Tenía un contrato importante con una casa filmadora que equivocadamente se empeñaba en hacerme hacer cosas que me desagradaban como artista... Como hombre digno. Y me jugué. Rompí el contrato y me quedé en la calle. En la más honda de las pobrezas y en la más honrada soledad...

"Yira... yira..." fue una canción de la calle, nacida en la calle cuando le mordía el talón a los pasos de los hombres.

Grité el dolor de muchos, no porque el dolor de los demás me haga feliz, sino porque de esa manera estoy más cerca de ellos. Y traduzco ese silencio de angustia que adivino. Usé un lenguaje poco académico porque los pueblos son siempre anteriores a las academias. Los pueblos claman, gritan, ríen y lloran sin moldes. Y una canción popular debe ser siempre el problema de uno padecido por muchos..." (⁹)

¿QUE SAPA, SEÑOR...?

"La Tierra está maldita
y el amor con gripe, en cama
. . . .
¿Qué sapa, Señor?
Que todo es demencia
. . . .
Y en medio del caos
que horroriza y espanta
¡la paz está en yanta
y el peso ha bajao!"

"En "¿Qué sapa, Señor...?" he pretendido reflejar el momento de locura universal que atravesamos (año 1931). El mundo marcha a la deriva... Se han roto los diques de la cordura y de la sensatez y la humanidad no encuentra los caminos de la dicha.

"¿Qué sapa, Señor...?" es una lamentación rea. El mundo inspira terror. El momento es de vértigo, de desorden, de catástrofe. La Tierra está incendiada por sus cuatro costados. Se quiere destruir para reconstruir. Estamos en plena locura... El hombre mecánico desplaza a la humanidad. Mi desorientado protagonista contempla el panorama del mundo y en su desesperación interroga a Dios: ¿Qué sapa, Señor?

El hombre ve que la conmoción universal aniquila los regímenes establecidos, barre con las que parecían sólidas instituciones y dice:

"Los reyes temblando
remueven el mazo
buscando un "yobaca"
para disparar"

Al ver desmoronarse la sabiduría de siglos ante la renovada inquietud de la humanidad, pregunta:

"Si hay que ir al colegio
o habrá que cerrarlos
para mejorar".

Y azorado por los prodigios de la mecánica que rige al mundo, que se anticipa al porvenir en fantásticas demostraciones del ingenio del hombre, en un afán demente por conquistar dinero, compendia así la suerte de la sociedad futura:

"Los pibes ya nacen
por correspondencia
y asoman del sobre
sabiendo afanar" ([10])

COMO ESCRIBI "SECRETO"

*"Quién sos que no puedo salvarme
muñeca maldita, castigo de Dios,
ventarrón que desgaja en su furia
un ayer de ternuras, de hogar y de fe..."*

"Yo, honradamente, no he vivido la letra de todas mis canciones, porque eso sería materialmente imposible, inhumano. Pero las he sentido, todas, eso sí. Brutalmente. Dolorosamente.

La historia de "Secreto" no me sucedió a mí, pero yo viví minuto a minuto ese pequeño drama. Es el drama de un hombre. De un amigo, un fraternal amigo.

Era un hombre simple, sin problemas mayores. Ni rico, ni pobre. Maduro ya, conoció y se casó con una mujer que no era ni linda ni fea. Una de esas mujeres que nacieron para casarse y para tener hijos. Porque en esto, como en todo, hay dos clases de mujeres: las que no se casan... y las que se casan siempre, aunque no sean sensacionales, ni hermosas... ni nada... Yo creo que fueron felices en su matrimonio, aunque es difícil asegurar dónde, cómo y cuándo son felices un hombre y una mujer porque la felicidad no tiene normas ni puede definirse... El caso de mi amigo era el de tantos. Tenía su mujer, su casa, dos hijos... Vivía... Llegaba a nuestro grupo trasnochador muy de vez en cuando, pero se retiraba siempre a una hora discreta. Tenía el pudor de no llegar tarde a su casa. A mí, esa gente exageradamente discreta me asusta, porque el día que hace una tontería la hace muy grande. Es como la gente que no tuvo infancia y que no tuvo juventud: la naturaleza se lo cobra siempre y resulta trágico, además de cómico, ver cómo la naturaleza le hace hacer cosas de chico a gente ya mayor...

Mi amigo era ese modelo de niño que en la escuela siempre sacaba "diez"..., que cuando empezó a trabajar le entregaba el sueldo íntegro a la madre y que cuando se casó, alquiló una casita con fondo para no salir los domingos...

Todo fue bien, hasta que sucedió lo que tenía que suceder. Es decir: lo que no tenía que suceder. A mi pobre amigo le ocurrió lo peor: conoció a otra mujer y se enamoró de ella como un cadete de tienda. Mi amigo nunca había tenido problemas sentimentales. Jamás le conocimos amoríos ni aventuras, ni siquiera a esa edad en que se justifican ambas cosas. Yo he conocido muchas personas que viven con el reloj atrasado. Pero en mi amigo fue terrible. Maduro ya, se encontraba en esa edad en que los hombres llevamos por la calle los paquetes más absurdos y en que, por las noches, sacamos el perrito a caminar por la cuadra. Y fue entonces, inexplicablemente, cuando conoció y se enamoró de la otra mujer. Su vida "sagrada y sencilla como una oración", se transformó en "bárbaro horror de problemas". Sobre todo, porque él no estaba preparado para entenderlo, ni para superarlo. Y como todo lo profundamente dramático está casi apoyando o rozando lo cómico, el aspecto ridículo lo daba su mujer, la auténtica, porque ella —pobre ángel— ignorante de la tremenda tormenta en que él se debatía, intentaba curarlo creyéndolo enfermo. Lo suponía embrujado. Quemaba polvos y cosas raras. Le dejaba la camiseta colgada al sereno por la madrugada. Le decía palabras absurdas... La única satisfacción —si así puede llamarse— la única satisfacción de mi pobre amigo fue que durante ese terrible período su mujer no llegó a sospechar nunca, ni por acaso, la razón de su mal.

Recuerdo que una vez fui con urgencia a verlo. Estaba dispuesto a matarse. Hube de luchar a brazo partido para despojarlo del revólver y en ese instante, mientras yo me enloquecía convenciéndolo de que su resolución era imperdonable, la pobre señora, la auténtica, echaba frente a la puerta de la habitación donde estábamos, unas bolitas como de naftalina... No sé si aquellas bolitas lo habrían curado, pero sé que a mí casi me matan. Porque después de la interminable escena que tuve con él, hasta que me entregó el revólver, salí atolondrado, las pisé y fuí a parar contra el piano que estaba a cinco metros...

Pero aquello no era embrujo capaz de ser ahuyentado con naftalina.

Yo creo que aquello era amor, simplemente amor. Distinto, raro, enfermizo, pero amor al fin. No el amor detonante de Don Juan que se grita en voz alta en las tabernas. Era el amor de Amiel, que no se dice, que se reza apenas...

"Secreto" nació así, amargo y doloroso como ese amor de mi amigo, que yo no viví, pero que me dolió, que me duele, como los versos al poeta:

"Cada vez me cuestan menos:
Por eso me duelen más..." (11)

COMO ESCRIBI "CARILLON DE LA MERCED"

"Tu canto como yo
se cansa de vivir
y rueda sin saber
dónde morir"

"Fue allá por los años treinta. Atravesé la cordillera impulsado por esa fiebre de andar que de tiempo en tiempo me acosa. Viajé junto a una compañía teatral que integraban, entre otros, Tania, Carmen Lamas, Tito Lusiardo, y en la que iban, en calidad de autores, Alfredo Le Pera y Manuel Sofovich. Y allí, en Chile, viví una temporada fraternalmente maravillosa.

Me agrada viajar, a tal punto que suelo decir que tengo alma de valija. Pero siempre regreso: como el boomerang, como los novios... y como los cobradores. Buenos Aires nos pone en las venas una sed de irnos, de evadirnos, de poner distancia... Y una vez lejos, saciada la sed, Buenos Aires nos llama a latigazos de recuerdos, nos desvela, nos tumba... Nuestra ciudad es como aquel puñal clavado en el pecho de que habla el poeta: "Si me lo dejan, me mata... Si me lo quitan, me muero". O como ciertas mujeres: con ellas no se puede vivir... y sin ellas tampoco. Buenos Aires, a la distancia, es eso: algo que llama tironeando, el clamor de veinte barrios queridos llamándonos, el lenguaje de cien esquinas embarullándonos el sueño...

En Chile aprendí algunas cosas, aunque a mi edad es difícil aprender cosas nuevas. Ya las sabemos todas. Y las que ignoramos, no las aprenderemos nunca, porque somos de los que repiten el grado... Conocí en Santiago mucha gente interesante. Mucha... hasta un personaje ¡que inventaba palabras! A las cosas feas les ponía nombres lindos. Recuerdo que había inventado una palabra para declararle el amor a una mujer. En lugar de todas esas pavadas difíciles y engorrosas que decimos los hombres en semejantes circunstancias, él lo arreglaba todo con una palabrita casi milagrosa: Tangalimilingo... Raro, ¿verdad? Pero lindo al mismo tiempo. ¿No es un oficio hermoso ése de fabricar palabras?

Y una de esas madrugadas de Santiago nació la idea de componer un tango. Nos alojábamos en un Hotel situado frente a la Iglesia de la Merced. Una iglesia antiquísima, maravillosa. El carillón sonaba dos veces: a las seis de la mañana y a la seis de la tarde. Yo, por supuesto, escuchaba siempre el de la madrugada, cuando regresaba de la recorrida noctámbula... A Le Pera se le ocurrió que de alguna manera debíamos retribuir las infinitas atenciones que nos habían dispensado. Y yo pensé que la mejor forma de hacerlo era con una canción, una canción que tuviera algo del país trasandino... El carillón me dió el motivo. Tenía una extraña imponencia escucharlo así, en las madrugadas, bajo ese cielo chileno de estrellas con caras recién lavadas y con aquellas montañas en el fondo. Trabajé con fervor, con amor y compuse la canción. Pero la letra no salía. Nos costó mucho elaborarla. Siempre pasa así en la urgencia de una letra, siempre hay una sílaba que no encaja, un acento rebelde que cae donde no debe... Al fin, una madrugada, desvelados los dos, mezclando al inmutable son de las campanas, esa fiebre de viajeros incurables que llevábamos, "Carillón de la Merced" se hizo música y canción.

Tania la estrenó en el teatro Victoria de Santiago de Chile. Me parece revivir aquella jornada inolvidable. Recibí de los hermanos chilenos una gratitud que no merezco...

Lo cantaban en la calle, hombres, mujeres y chicos... Fue emocionante. Escuchar la canción propia en labios del pueblo es lo único que nos reconforta, que nos reconcilia con nosotros mismos, a quienes, como yo, escribimos precisamente para el pueblo. Es lo único que realmente compensa, por encima del éxito material, cuando una canción nuestra rueda por las calles y se hace forma en la boca de alguien..." ([12])

COMO ESCRIBI "CANCION DESESPERADA"

"Soy una canción desesperada
hoja enloquecida en el turbión
. . . .
Dentro de mí mismo me he perdido
ciego de llorar una ilusión
. . . . . .
¿Por qué me enseñaron a amar
si es volcar sin sentido, los sueños al mar?"

"Mallorca es una isla que seguramente se le cayó a Dios de las alforjas. Porque aquello es maravilloso: el mar, el cielo limpísimo, una fiesta de azahares, de perfume, de verde tierno.

Cuando llegamos, alguien nos recomendó visitar el monasterio de Valdemosa donde vivieron sus atormentados amores George Sand y Federico Chopin.

Salimos en el atardecer de un día maravilloso. El monasterio está a regular distancia de Palma. Resolvimos hacer el viaje a pie, por senderos de piedra que van ascendiendo en la montaña. La excursión se puso entonces seria. Se acercó la noche y comenzamos a divisar allá, a lo lejos, las paredes del monasterio... desnudas, tétricas, horribles... Acaso más horribles porque llevábamos los ojos cargados del paisaje verde que habíamos dejado atrás... La ascensión comenzó a hacerse cada vez más difícil y pesada... Rato después entramos al monasterio y tuve la impresión de que nos estábamos introduciendo en una tumba.

Aquello era despiadadamente triste... Tal vez haya influido en mi ánimo el recuerdo de aquel pobre músico que tuvo que confinar su enfermedad en ese apartado rincón de la isla... Recuerdo que recorrí los corredores penumbrosos y húmedos y no podía dejar de pensar que por allí, arrastrando su tos, había andado Chopin... Me imaginé la angustia de aquel hipersensible condenado a esconder su enfermedad en ese monasterio despiadado y sin poesía... acosado por las dos fiebres terribles: la del cuerpo y la de la creación... y componiendo, componiendo con locura, con esa locura de los condenados a morirse, a los que nunca les alcanza el tiempo para terminar la obra... Entré al cuarto que ocupó Chopin y aquello me produjo una impresión terrible. Penetré allí con una unción casi religiosa... Era casi una celda. Frente a su puerta estaba el cementerio del convento... Todo era descarnado, sin alma... las paredes... los escasos muebles... Pero allí estaba el piano, el pequeño piano... Me acerqué y levanté la tapa. Hice jugar inconscientemente mis dedos sobre las teclas amarillentas y envejecidas... El piano era lo único que tenía alma en aquel conjunto de cosas inanimadas. Yo creo en el alma de los instrumentos.

Todos los instrumentos tienen alma. Allí, inmutable al tiempo, a la distancia, a todo, estaba el piano que utilizó Federico Chopin... Todo estaba muerto, menos el piano. El piano, cuyas notas, en aquel silencio impresionante, sonaron con algo de grito, de angustia, qué se yo... Me impresioné... Lo confieso lealmente... Aquel no era el encuentro con un piano cualquiera. Estaba nada menos que acariciando las teclas que antes que yo habían acariciado las manos prodigiosas de Federico Chopin. Ello aparte, el silencio, la noche entrando por los corredores del convento y el viento afuera; un viento desesperante, angustioso, crearon en mí un estado especial de ánimo que no puedo definir exactamente... De pie, sin siquiera sentarme, esbozé siete o nueve compases de una canción que se me ocurrió angustiosa, desesperante, como ese viento que golpeaba implacablemente los maderos de aquella celda. Eso fue todo. Apenas unos compases. Y una suerte de pudor contuvo mis dedos.

Durante mucho tiempo olvidé el motivo de aquella canción. Y ella nació después, en Buenos Aires, pero bajo el motivo de aquellos compases que resonaron por primera vez en el Monasterio de Valdemosa.

Luego, pensando en aquel pobre músico torturado, en su creación angustiosa entre la enfermedad y la muerte, la titulé así: "Canción desesperada". Porque yo no diría que las canciones de Chopin son inolvidables, sino que son desesperadas" ([13])

COMO ESCRIBI "CONDENA"

*"Yo quisiera saber
qué destino brutal
me condena al horror
de este infierno en que estoy..."*

"Yo he querido pintar la situación de un hombre que está pobre, caído, sin recursos, no teniendo nada y ambicionándolo todo. He querido colocar a ese hombre ante el mundo, viendo pasar la vida que sonríe, el dinero que corre, los placeres que nublan, mientras se retuerce en la impotencia de ver que no son para él. He visto tantas veces en la calle al hombre de traje raído, de cara desencajada, de andar medroso que ve pasar a una mujer envuelta en crujir de sedas y se muerde pensando que será de otro, de cualquier otro, menos de él. Y el automóvil que pasa brillando de insolencia y que nunca podrá ser para él. Y he sentido el dolor de este hombre que está como en un cepo, debatiéndose en la impotencia, en la envidia y el fracaso. Ese enorme y concentrado dolor del hombre encadenado a su triste destino, frente a la felicidad que pasa sin tocarlo, es lo que he querido hacer llegar bien y hondo, torturadamente, pero sin llorar" (14)

COMO ESCRIBI "DESENCANTO"

"Qué desencanto más hondo...
Qué desconsuelo brutal
...Qué ganas de echarse en el suelo
y ponerse a llorar
cansado
de ver la vida que siempre se burla
y hace pedazos mi canto y mi fe..."

"La historia de "Desencanto" está ligada a la historia de un gran amigo: "el negro Techera".

¡Pobre negro!... La vida nos descruzó los caminos y sin motivo alguno dejamos de vernos, pero sin que nuestro afecto disminuyera... Y un día, al promediar la mañana, cuando yo estaba empeñado en componer un tango para una película ya en filmación, me llega una noticia tremenda, una noticia horrible: se está muriendo el negro Techera... Y el pobrecito, antes de morirse, quiere hablar conmigo... Vuelo hasta su casa, allá por Flores, en la calle Portela y allí está "el negro", muriéndose... ¡Pobre Techera! Me había llamado para pedirme tres cosas. Dos de ellas terriblemente absurdas y la tercera terriblemente humana... Los dos primeros pedidos eran absurdos, fuera de toda lógica, concebibles solamente en ese momento ilógico que precede a todas las muertes. Si los contara provocaría risa y el recuerdo de Techera no merece semejante afrenta... Solamente diré que aquellos pedidos eran tan grotescamente absurdos como pedir, por ejemplo, un vaso de leche en una ferretería o preguntarle a un guarda de tranvía si cree en el más allá... Recuerdo que fueron cuarenta y ocho horas vacías y negras que me desasosegaron, porque yo quería de verdad a Techera... El director de la película me urgía para que le entregara la composición y hasta llegó a darme un plazo de tres días, pero era imposible componer canción alguna... ¿Cómo pensar en esos momentos terribles? ¿Cómo sentarse al piano? ¿Cómo escribir una sola línea?... En aquellos días de locura, cuando los minutos tenían realmente importancia, me volví raro conmigo mismo. Sí... Yo, que nunca duermo de noche, tenía sueño. Yo, que nunca tengo apetito, tenía un hambre terrible... Empezó entonces el esfuerzo físico para no dormirme... El cigarrillo, la copa de whisky, la salida al balcón, todo en plural, porque eran "los" cigarrillos, "las" copas de whiskies, "las" salidas al balcón... Y en ese juego de copas, tabaco y sueño, se agudizaron recuerdos, heridas, imágenes. Así nació finalmente "Desencanto".

    La muerte del negro Techera, amigo increíble, tuvo una enorme participación en ese tango... Su delirio tenía una sola preocupación: el engaño con que la vida lo había castigado. Sonreía reprochándoselo a su propia madre, muerta hacía mucho. Por eso hay una frase en la canción que lo señala:

> *"Oigo a mi madre aún*
> *La oigo engañándome*
> *Porque la vida me negó*
> *las esperanzas*
> *que en la cuna me cantó"*

"Desencanto" nació así: goteando madrugadas, cansancio, nervios... Y en sus versos encerró el drama del pobre amigo que acababa de morir:

> *"La vida es tumba de ensueños*
> *con cruces que, abiertas,*
> *preguntan: Pa' qué?"* ([15])

COMO ESCRIBI "UNO"

> *"Uno busca lleno de esperanzas*
> *el camino que los sueños*
> *prometieron a sus ansias*
> *Sabe que la lucha*
> *es cruel y es mucha*
> *pero lucha*
> *y se desangra*
> *por la fe que lo empecina*
> *...Pero un frío cruel*
> *que es peor que el odio*
> *...*

> *maldijo para siempre y me robó
> toda ilusión...*"

"En aquellos días estaba raro... No sé... No sé en realidad qué diablos me pasaba. Me había entrado de pronto una melancolía inexplicable. Yo, que generalmente tengo buen humor, estaba insoportable. ¡Quería pelearme con todo el mundo!... ¡Fue una temporada terrible! En casa, un poco alarmados, llamaron al médico. No tenía nada... Estaba sano. El médico —pobrecito— me aconsejó lo de siempre: que dejara de fumar, que dejara de beber, que dejara de acostarme tarde... Y yo seguí fumando, bebiendo, acostándome tarde. Porque lo que yo tenía era vejez, cansancio... cansancio de vivir... Estaba raro... Era cansancio de todo... En ese momento me hubiera gustado hablar de otra manera, respirar de otra manera, caminar al revés... qué se yo. Me molestaba el tránsito, las bocinas, los gritos de los vendedores... ¿Qué era eso? En el fondo y en la esencia era hartazgo. Las gentes se hartan y valga la paradoja: los necesitados, son los que abandonan por hartazgo.

La mayor miseria no es la del pan. Hay una miseria igual, en veinte estados del hombre. En la vida de relación, en la esperanza, en la ambición, en el amor frustrado... Y eso cuando se percibe y se padece, va minando... destruyendo... desolando...

Yo soy un hombre de grandes amores, no de grandes pasiones, de grandes amores. Y el hombre que ama con la nobleza con que yo amo siempre —y sé bien que hay millones como yo— tiene fatalmente caídas en la desesperación profunda, como la que yo tuve en "Uno", canción que respeté en su salvajismo poético, con el respeto que merecen los caídos cuando se pasa lista.

El hombre nace para vivir y la vida es un premio. Pero la vida hace del hombre una víctima sencilla. Debe cumplir con historias, sostener presentes... y labrar un porvenir... Y entonces el hombre entra en una teoría de obligaciones dramáticas que lo llevan a la más absurda negación... Se llena de obligaciones que lo empequeñecen para la lucha y lo entristecen para la ambición. Y se va negando... deshaciendo... enfriando... Quizás sea exagerada por salvaje —repito— la imagen de "si yo tuviera el corazón..." pero hay que vivir para entender eso y vivir intensamente, como viven tantos seres en mi tierra y en otras tierras. La gente de nuestro siglo sufre mucho. Es un período terrible y precioso. El hombre ha pasado de la vela de sebo a la televisión. Ha sufrido una variante fundamental desde el punto de vista mental. Y en cambio, desde el fisiológico, sigue atado a la tierra como el mono cuando bajaba del árbol con el coco en la mano. En un instante el telégrafo le dice que perdió todo... que ganó todo... que lo volvió a perder. Y en cambio el cuerpo, atado a la tierra, necesita media hora para hervir el agua, media hora para hervir los fideos, veinte minutos para comerlos y una hora y media para digerirlos. Y el telégrafo sigue diciendo que lo perdió... que lo ganó... que lo perdió... que lo ganó...

Y así como la variante de un número cambia la suma, la vida del hombre moderno, hermosa y trágica, es un juego de ilusión y de agonías que desgastan la esperanza... Lo sabido... lo deseado... lo querido... Porque no hay nada que sea tan horrendo como no creer. Ni tan triste, ni tan hondo. Es como el pozo profundo de todos los sueños.

Recuerdo aquel estado especial de mi espíritu para justificar esa amargura de "Uno" que muchos amigos dijeron que resultaba tremenda y desoladora. Tal vez tengan razón... pero yo estuve muchas veces "solo en mi dolor" y "ciego en mi penar"... Y aquello de "punto muerto de las almas" no es pura invención literaria...

La desilusión amarga del que no puede amar, aún queriendo amar, no había sido tratada todavía. Yo aprendí en aquellos días que la gente sería inmensamente feliz si pudiera no presentir. La música me lo gritaba. El motivo de la letra brotó en aquellos días raros que tuve. Los versos los escribí algún tiempo después. Así nació "Uno". ([16])

NOTAS:

- [1] La prohibición a que se refiere consistió en una medida del Ministerio de Marina, en febrero de 1929, por la cual no se podían transmitir por radio: "Chorra", "Qué vachaché" y "Esta noche me emborracho".
- [2] La Epoca — Julio 1929.
- [3] La Nación, 1931.
- [4] Crítica, 5/8/34.
- [5] Archivo "El Laborista".
- [6] La Nación, enero 1931.
- [7] "Discepolín", de Sierra y Ferrer.
- [8] La Nación, enero 1931.
- [9] Radio Belgrano, 2/10/47.
- [10] La Nación, 13/7/31.
- [11] Radio Belgrano, 27/11/47.
- [12] Radio Belgrano, octubre 1947.
- [13] Radio Belgrano 27/11/47.
- [14] La Nación, enero 1931.
- [15] Radio Belgrano, noviembre 1947.
- [16] Radio Belgrano, noviembre 1947.

— III —
APUNTES A MI VUELTA DE EUROPA (*)

(*) En 1936, a su regreso de una gira por diversas ciudades europeas y por el norte de Africa, Discépolo desarrolló unas charlas por radiotelefonía donde abordó temas de actualidad y especialmente se refirió a las experiencias de su viaje. Más allá del ingenio que chisporrotea en muchas de ellas, es interesante observar que, a la inversa de lo que sucedió tradicionalmente con los argentinos semicultos "metidos a turistas", el poeta no manifiesta deslumbramiento por Europa sino que la considera en plena decadencia y apunta que las posibilidades del progreso de la humanidad residen en pueblos jóvenes como el nuestro. Asimismo, Discépolo asume una clara posición nacional no sólo al recordar emotivamente a la patria lejana, sino al reivindicar al gaucho frente a los planteos descomedidos de la pretendida "civilización".

"Cuando yo llegué, Madrid era una ciudad sin casas. Todo el mundo vivía en la calle... Al madrileño, las casas sólo le sirven de pretexto para echarse a la calle. Toledo no me pareció una ciudad, me pareció un sueño retrospectivo. Uno de esos sueños que solemos tener cuando nos quedamos dormidos con un libro de estampas antiguas en la mano... Barcelona tiene un aire moderno y cosmopolita que la acerca un poco a Buenos Aires, donde hablando castellano, a veces, se hace uno entender... Lisboa es un cromo anacrónico. El tiempo se detuvo allí quinientos años atrás. Tiene un ambiente colorido y dramático. Parece una postal sobre un hecho de sangre.

París, al principio, da la impresión de una ciudad inhospitalaria. Pero cuando uno la conoce a fondo, cuando se adentra en su alma, cuando profundiza en la intimidad de los parisienses, entonces... entonces, es más inhospitalaria todavía... En una de mis recorridas llegué a encontrar a un francés que sabía donde quedaba América del Sur, pero lo disimulaba tanto como si fuese un secreto de guerra.

En París tienen un enorme respeto por los niños. El farragoso tráfico se detiene de golpe, como por arte de magia, cuando va a pasar un niño... Este es el estupendo respeto y cuidado por las criaturas. Lástima que los cuidan con tanto esmero para hacerlos pelear después con los alemanes.

Marruecos es un cielo muy alto y unas estrellas muy bajas. Las casas parecen telones remendados. A la gente no la pude ver porque iba envuelta en ropa. Marruecos parece una enorme tienda de ropa vieja en la que de pronto los trajes se han echado a andar por su cuenta...

En Tetuán salí a comprarme unas babuchas. Me fuí al barrio morisco de los mercaderes. Al entrar en un tugurio subterráneo, un viejo babuchero me ofreció su mercadería. Mientras yo elegía entre las babuchas bordadas, un gramófono destartalado de aquellos con bocina que se usaban hace veinte años, empezó a moler las notas de "Yira... yira...". Y mientras el gramófono tocaba, el babuchero, que era un viejo judío sefardita, se puso a tararear en su media lengua hebrea-hispano-morisca:

> *"Cuando la suerte que es grela*
> *fayando y fayando*
> *te largue parao..."*

Al oír estas palabras que yo había escrito hacía mucho tiempo y a varios miles de kilómetros de distancia... al oírlas allí en Tetuán y en boca de aquel anciano babuchero, sentí que una emoción extraña me hacía un nudo en la garganta. Y al salir de allí di por bien empleados los desvelos que me habían costado mis tangos. Todos eran poco para pagar aquel momento que me había conmovido hasta las lágrimas...

Actuábamos en el Palacio de la Música, a sala repleta. Y desfilaron, en aquellas veladas inolvidables, nombres también inolvidables: Benavente, los hermanos Quinteros, Pemán, Arniches, lo que de más representativo tenía España en el orden intelectual y artístico. No iban solamente a cumplir un acto de galantería. Iban a escuchar el tango, porque les gustaba, porque "les entraba"... Al mes de actuar, el tango ya andaba por las calles, en la boca de todos los españoles. A propósito de ello, me acuerdo de una anécdota. Cerca del teatro, al lado casi, había un mesón famoso en todo Madrid por los heroicos chatos de manzanilla que expendía... Una noche, poco antes de terminar la función, el dueño se me acerca y me propone que, al terminar, toda la compañía se corra hasta su negocio. "Yo invito —gritaba el madrileño— Invito a todos... pero a condición de que esta noche se escuchen tangos en mi local". Y así fue. Manzanilla va y manzanilla viene, tomamos hasta inundarnos. Y trajeron un piano no sé de dónde... Y Lalo Scalizzi, nuestro pianista, comenzó a tocar...

Creo que después de la bandera, no hay nada que emocione tanto a un argentino en el extranjero, como escuchar una canción de la tierra. Aseguro que aquella noche hubiéramos llorado... Y no sé si alguno no se enjugó "su furtiva lágrima"... Es difícil explicar la sensación que se siente... Es como si nos estuvieran operando sin anestesia, una suerte de orgullo que nos hincha y de dolor que nos deprime... Le entran a uno ganas de pegar un grito, un alarido y la voz sale en sordina... Lindo y bárbaro al mismo tiempo... Nosotros vivimos aquella noche, en dos horas, la emoción de diez años... Eran tangos, tangos míos o de cualquiera, "el tango" buscándonos, encontrándonos a miles y miles de millas de distancia".

Sevilla es la fiesta del sol, del cielo azul y del perfume. Un perfume a jazmines que inunda las calles, que parece olerse en las manos, en las sábanas, en las paredes... Un perfume que sale de las ventanas enrejadas, de una de esas ventanas misteriosas en las que una noche emocionado, me detuve a escuchar un tango mío... Allí me sucedió algo raro. Yo, que en la Argentina jamás había soñado con escribir una zamba, la pensé y la escribí allá lejos. Fue entonces que hilvané los primeros compases de "Cascabel prisionero". Parece absurdo, verdad, pero lo hice porque los recuerdos me empujaban y porque de esa manera, inconscientemente, me acercaba a mi tierra, a esa Argentina cuya presencia volvía siempre a manotearme".

Sacudón horrendo el que sufre España (1936) y que nos alcanza todos con su tristeza. Raza prodigiosa, ha acelerado el destino que le espera a toda Europa. Está cantado. Como una carambola a tres bandas. Está cantado. Los sabios se reúnen. Discuten. Pontifican. Sabios de veras. De esos que usan paraguas y se los olvidan. Buscan la salvación de Europa que se derrumba, que se incendia y les empieza a quemar la barba.

¡La cultura y la ciencia! conquistas sobresalientes de esta civilización que ha hecho de lo imposible, lo realizable... y del pan, un artículo de joyería... ¡Si supieran qué hambre hay en el mundo! Pero hambre de pan. De ese que se vende en las panaderías... uno medio larguito, hecho de harina... ¡Qué espanto!

Hubiera deseado contar cosas de España, primer país que visité y que conocí mucho, pero es demasiado dolor el de este instante para recordarla; felicidad la mía de haberla conocido antes de su destrucción.

○●○●○●○

Europa asiste a su propia muerte y la guerra es nada más que un vehículo para alcanzar lo que natura se propone. En etapas sucesivas el hombre ha ido progresando. Cada civilización ha marcado un adelanto, pero ha tenido un límite. Europa, la última civilización, ha llegado a su límite. Puede, quizás en virtud de un médico maravilloso, circunscribir, localizar su mal y vivir muerta de hoy en adelante como un paralítico. Pero ya no da un paso más. Nos toca ahora a nosotros. A nosotros que, libre de tradiciones y rémoras y taras, podemos empezar donde ellos dejaron. Europa no dicta ya, muestra. La naturaleza se vale de medios muy diversos para llegar a su fin. En este siglo eligió la cultura y la ciencia para conseguir la destrucción del hombre. El porcentaje de seres pensantes ha sido inmensamente mayor en esta civilización que en las otras y la ciencia, alcanzando su grado máximo, no ha sido más que un instrumento al servicio de la destrucción. El invento de la máquina —creada para suplantar el esfuerzo y que termina por suplantar al hombre— es una clara demostración de todo esto. A nosotros —mejor dicho— a los que vivan en éste y el próximo siglo corresponderá la honrosa tarea de continuar la civilización maravillosa que empezó Europa, pero que, tullida y llena de obligaciones, compromisos y taras, no puede continuar...

○●○●○●○

Lo curioso es que los argentinos que viven en París se influencian y se acostumbran de forma tal que encuentran no sólo tolerable sino razonable ese estado de payasada con que nos sacuden (se refiere a las orquestas típicas argentinas que, para actuar en París, se ven obligadas a vestir con traje de gaucho a sus integrantes). No les hiere la burla al gaucho, ni les duele la ridiculización de ese personaje que es para cada uno de nosotros, aunque nunca lo hayamos dicho, un poco sagrado... Esa exigencia de los dueños y empresarios de dancings y teatros respecto a los músicos argentinos debe ser rechazada totalmente.

Uno de esos turistas argentinos, el mismo que un minuto antes me preguntó si aquí seguíamos siempre tan incivilizados, me insistió con el asunto de la vestimenta. Y cuando le dije que ni por todo el oro del mundo yo vestiría de gauchos a los miembros de mi orquesta, porque no iba a permitir que hicieran de mascaritas ridiculizando al gaucho, se sulfuró: "—Y si no los viste de gaucho, ¿de qué los va a vestir? ¿Por qué se resiste? ¡No sea estúpido!" No me dieron tiempo a contestarle porque Lalo Scalise que estaba a mi lado lo acostó de un cachetazo. Y me hizo un favor, porque yo no hubiera sabido qué decirle. ¿Qué se le puede decir a un argentino a quien no le hiere semejante fantochada...?

Día bravo hoy (10/12/1936). Murió Luiggi Pirandello. Su muerte, entreverada periodísticamente con la abdicación de Eduardo VIII y el horror de España, no pueden tener el homenaje inmenso que merece y que tendrá. Murió el hombre que transformó el teatro contemporáneo.

Su aparición abrió horizontes inesperados y dio a lo cansado y viejo, posibilidades maravillosas. En todos los géneros y en todas las actividades su influencia dibujó destinos y su talento trasuntó mañanas. Ha muerto el hombre que salvó al teatro mundial de la imbecilidad y la cuadratura en que caía por hartazgo, por comercio y por aburrimiento. Ha muerto un hombre de genio, prodigioso, que empezó a triunfar de viejo y que pasó su vida luchando entre la incomprensión más horrorosa que recuerda la historia.

Yo que estreché su mano como un premio y que interpreté en nuestro teatro una de las primeras obras que se tradujeron hace once años —"El placer de la honestidad"—, cuando todos opinaban que era un loco, quiero rendir a su memoria el homenaje más sencillo y profundo.

Desde mi vuelta estoy enamorado de Buenos Aires. Estoy tan orgulloso de él. Me habían contado tanta cosa exagerada con respecto al mundo que tenía el pudor de ser americano del sur. ¡Cómo se macanea! ¡La tan zarandeada cultura de los pueblos! ¡El savoir faire! ¡La distinción de los pueblos! ¡Cómo se macanea! Nosotros tenemos que mejorar. Eso es indudable. Nosotros, debemos, para nuestro orgullo, ser mejores cada día, pero ya, así como estamos, le podemos correr a cualquiera. Hablo de pueblos. No de minorías selectas. Hablo de pueblos. De muchedumbres. Hablo de causas. Las habrá iguales, ¡mejores no!

— IV —
TRES HISTORIAS TRAGICAS (*)

(*) Estos relatos pertenecen al libreto de "Cómo nacieron mis canciones", escrito por Discépolo. Se difundieron por LR3 Radio Belgrano, entre setiembre y noviembre de 1947.

MARIA DE LOS ANGELES

En Santiago de Chile y sobre todo a la madrugada, es fácil trenzar amistad con un desconocido. Se llamaba Sucre, no sé cuánto Sucre... Era un hombre con un terrible problema metido en la piel, con una pavorosa tragedia golpeándole la sangre. Yo, que he torcido mis tacos recorriendo calles de la vida, comprendí enseguida que en la tragedia pudorosa de ese hombre había una mujer. ¿Cuándo no, verdad?

Ella era algo estupendo, empezando por el nombre: María de los Angeles. Yo creo en la poesía de ciertos nombres, como creo en la musicalidad de ciertos números. El 9, por ejemplo, es más musical que el 2; el 5 tiene más música que el 4. Haga la prueba y verá que tengo razón.

Mire... Era morocha y tenía los ojos muy azules. ¿Raro, verdad? Su cara, por cierto que maravillosa, era una mezcla extraña de tierra y cielo. La piel color de tierra, los ojos color de cielo. Yo he visto muchas mujeres lindas, porque mujeres lindas hay en todas partes —Buenos Aires, por ejemplo, es un semillero de mujeres hermosas— pero belleza rara como aquella he visto pocas veces.

Cuando Sucre me la presentó, me produjo una profunda impresión... Le besé la mano y ella me sonrió con una sonrisa blanca, fresca, primaveral... Pero no dijo una sola palabra... Sucre y yo hablamos hasta la madrugada casi, hablamos una botella de whisky... y ella siempre allí, frente a nosotros, imponente como una estatua, sin hablar, pero mirándonos, mirándonos con sus grandes ojos azules y fijos... ¡Era muda!... Le aseguro que aquello era bárbaro, atrozmente amargo... La pobrecita era muda y loca y ésa era la tragedia de aquel hombre. Porque él —me lo confesó después— él la quería con una desesperación de náufrago... con una desesperación de arlequín de carne y hueso...

Aquella historia trágica terminó como terminan todas las historias verdaderas. Dos días antes de salir de Chile, encontraron a María de los Angeles tirada en una playa. El mar la había devuelto...

A mi amigo —pobrecito— lo dejé, antes de partir, delante de una botella y con los ojos clavados en el mar. No he vuelto a saber nada de él. Y es posible que nunca sepa nada, porque hay muchas cosas que el mar no devuelve...

"EL NEGRO TECHERA"

Recuerdo aquellos tiempos de bohemia, en el año veintitantos, allá por Rioja y Garro, en lo de Facio Hebecquer, en aquel atelier que era un poco la casa de todos nosotros...

Además de Facio, que era nuestro padre tutelar porque era el único que tenía plata, integrábamos aquel grupo: Abraham Vigo, José Arato, Agustín Riganelli, Benito Quinquela Martín, en algunas oportunidades Juan de Dios Filiberto y también "el negro" Techera... Era la bohemia, la auténtica bohemia de Murger —sin tanta literatura— vivida y padecida en Buenos Aires. ¡Y qué bohemia! De comer salteado, de perseguir a un peso con un palo... ¡Linda época de sueños tiernos, recién nacidos, de esperanzas no manoseadas todavía...!

Discutíamos porque no teníamos otra cosa que hacer... y porque era una hermosa manera de gastar el tiempo, que era lo único que podíamos gastar. Hablámos de todo. Empezábamos con Baudelaire y terminábamos a lo mejor discutiendo la mejor manera de preparar uno de esos heroicos "bifes a la portuguesa" que nunca podíamos comer. Pero la discusión, aunque trivial, era la manera de prolongar nuestra permanencia en ese clima donde todos queríamos ser algo, hacer algo... Tal vez allí Quinquela, con sus ojos aquerenciados en la Vuelta de Rocha, haya intuído el maravilloso colorido de todos sus cuadros... Y Riganelli encontrara el milagroso golpe de su cincel... y yo, yo mismo, tal vez haya encontrado allí el acorde o el verso para una canción que llegó después, mucho más tarde...

Fue por entonces que me hice amigo del negro Techera. El formaba parte de nuestro grupo y noche a noche, infaltablemente, aparecía por el atelier de Facio Hebecquer... ¡Pobre negro! La miseria lo castigó mucho. Usaba unos cuellos altos, almidonados y vestía un traje gris irreprochable; parecía un rico de veras con su porte tan señorial, tan distinguido, pero, sin embargo, vivió todo un mes alimentándose (¡pobrecito!) ¡con un queso de bola y pan siempre de ayer!... Nunca pedía nada... ¿Y cómo se hace para darle unos pesos a un hombre que gasta cuello duro y que dice con olímpico desprecio: "No, no, a mí la carne de faisán no me gusta, porque me cuesta digerirla..."? ¡A un hombre así no se le puede ofrecer nada porque lo invita a pelear!

Techera era todo... y no era nada. No pudo pintar nunca una puesta de sol porque jamás tuvo plata para comprar un pomito de pintura amarilla. Y como músico tenía un oído espantoso. Sólo tocaba el triángulo y aún así, no había manera de que acertara el compás. ¡Llegaba siempre antes o después! Recuerdo que una noche acertó, acertó un compás, uno solo... y todos dejamos de tocar y corrimos a abrazarlo...

Pobre negro... Tenía mala suerte. Una vez, recuerdo, le regalaron un par de botines. Era justo lo que precisaba. Porque en la vida de todos los hombres siempre existe un momento en que necesitamos algo, alguna cosa que en ese minuto es más necesaria que cualquier otra. Hay días, por ejemplo, que necesitamos una corbata negra. Tenemos cien corbatas, pero nos falta la negra... Y a Techera aquellos botines le cayeron en el minuto justo. El, en ese momento, lo único que necesitaba eran botines... ¡Pero resultó que aquellos botines le andaban horrorosamente chicos! ¿Y saben lo que hizo? ¿Ustedes piensan que intentó venderlos, quizás? No. Nada de eso. Los regaló...

Los regaló en uno de esos gestos de pobre magnífico que tenía. Pero ni se amargó por ello, ni hizo una tragedia. Que las dos cosas se justificaban. Simplemente dijo: "Es cosa de Dios...". Y se olvidó para siempre de aquel par de botines...

¡Negro lindo el negro Techera! Después dejé de verlo durante muchos años hasta que un día, cuando comprendió que se estaba muriendo, me hizo llamar... Y el recuerdo amargo de aquel amigo agonizante lo llevo unido a un tango que compuse por entonces en el que quise referirme a tantos que como él se dijeron: "Y pensar / que en mi niñez / tanto ambicioné / y al soñar forjé / tanta ilusión..."

MI AMIGO CRISCUOLO

Criscuolo... Un apellido que no dice nada, un apellido como tantos, se da cuenta. Y sin embargo, ¡pobrecito, Criscuolo...!

Lo conocí en un potrero, en ese potrero que milagrosamente queda cerca de todos los colegios, para dirimir esas cosas que se arreglan "a la salida". Yo era muchacho y me arrimé atraído por el tumulto. ¡Viera que espectáculo! Algo así como Primo Carnera peleándose conmigo. Criscuolo era enorme, grandote, como yo cuando me paro en una silla, con unas espaldas así de anchas... unas espaldas para cargar pianos, envidiables... pero el otro, el chiquitito, era el que pegaba. ¡Qué manera de repartir trompadas! ¡Y qué manera de recibirlas el pobre Criscuolo! Quedó mormoso. Cuando terminó la cosa y todos se retiraron, me le arrimé... Siempre tuve una profunda simpatía por los vencidos... Me senté a su lado y le dije: ¿Cómo es posible "cobrar" tanto con semejante cuerpo, con semejantes puños tan grandes y tan duros? El observó el asombro en mis ojos y me explicó: "Es el hermano de mi novia, sabés, de Isabelita... Me dejé golpear para no darle un disgusto a la muchacha. Yo quiero que ella me quiera..." Ese era Criscuolo, se da cuenta. Magnífico... Puerilmente magnífico... Pero aquella anécdota anticipaba su crudo destino, porque el pobrecito era un condenado a sufrir por las mujeres... Los hombres no volverían a trompearlo, pero la vida sí... Pobre Criscuolo...

Nuestra amistad nació allí, después de aquella pelea, a esa hora en que la noche empieza a espesarse en las esquinas. Y duró quince años, hasta el final, hasta aquel lamentable final...

Yo sabía que él vivía en el barrio, pero nunca supe en qué casa, ni cuál era su familia. ¿Raro, verdad? Pero los porteños somos así. Tenemos amigos en la oficina, en el club, en el café, amigos de veinte años o más y ni ellos conocen a nuestra familia, ni nosotros fuimos nunca a su casa...

El colegio quedó atrás y nos hicimos mozos. En Rioja, al 1600, estaba la casa de Facio Hebecquer. Allí se reunían escultores, pintores, poetas, artistas: Riganelli, Quinquela Martín, Filiberto, Vigo, Arato, Rossi, Montero, el negro Techera y otros. Ninguno éramos nada todavía pero todos queríamos ser algo... Era la bohemia. Muchas ideas y poca plata, muchos gritos, muchos discursos y poca comida... Criscuolo no dejaba de asistir a nuestras reuniones. Noche a noche su silueta grandota se instalaba junto a una ventana en aquel atelier de Rioja y Garro donde todos vivimos momentos tan hermosos... y allí permanecía hasta franquear la madrugada compartiendo sueños, ilusiones... y también algún triunfo primerizo, uno de esos triunfos que a él siempre se le negaban. No pudo ser pintor porque le faltó un color, ni poeta porque le faltó o le sobró una rima, no sé. Pero todo lo que él quería o soñaba ser, era lo que no podía ser... Vivía a contramano perpetua. La vida le había cambiado los guantes: el de la derecha tenía que usarlo en la izquierda y el de la izquierda, en la derecha... ¡siempre le sobraba un dedo!

Nunca le oí blasfemar ni quejarse. Daba pena verlo tan grande, tan enorme y tan golpeado siempre. Se ganaba la vida como vendedor, vendedor de tienda. . . y posiblemente un mal vendedor, porque no había nacido para andar entre casimires y cintas de hilera. Por eso tal vez, para huir de ese aire enrarecido del negocio, venía a nuestro encuentro, frecuentaba nuestra bohemia donde, si bien el aire no era muy limpio, se hablaba de arte, de música, de pintura, de poesía. . . de todas esas cosas en las que Criscuolo había fracasado siempre. . . Y era tan bueno, el pobre. . . Tan bueno que por temor de equivocarse, de errarla, decía a todo que sí: ¡votaba siempre por la afirmativa!. . . Lo estoy viendo: alto, enorme, regalando cuerpo, salud, todo lo que puede regalar un hombre que la única vez que visitó al médico fue para hacerse vacunar. . .

Pero una tarde, en el taller de Facio Hebecquer, apareció misteriosamente una mujer. Nosotros la conocimos siempre como "la circasiana". Era extranjera y modelo, aunque no modelo de extranjera. . . Una mujer rara, estupenda. . . una de esas mujeres con una belleza muy particular, como pocas veces he visto. De más está decirlo que, a la semana, todos estábamos perdidamente enamorados de ella, aunque lo ocultábamos con pudor, con el mismo pudor con que disimulábamos nuestra miseria. . .

Cada día que pasaba, la circasiana se ponía más hermosa, más deslumbrante y lo peor es que ella no conocía una palabra en castellano. Lo poco que nos hablaba lo decía en ruso. Imagínese qué papelones hacíamos cuando nos dirigía la palabra y no sabíamos si nos preguntaba la hora o nos invitaba a pasear por el Rosedal. . . Lo cierto es que ella estaba allí. Miraba los cuadros. Escuchaba las canciones. Estaba, simplemente, Misteriosa e inexplicable. Pero estaba. Son esas cosas que suceden a veces: un violín en el cuarto de baño, un frasco de perfume en la cocina, un cigarro en la cuna del nene. . . cosas absurdas, raras, que no tienen explicación. . . Nunca supimos de dónde venía ni que hacía allí, pero era la musa inspiradora de aquella bohemia. El escultor quería llevarla al mármol, el pintor inmortalizarla en la tela, el poeta, cantarla, el músico transformarla en canción. Y por culpa de ella se producían fuertes discusiones artísticas, a grito pelado, que eran simplemente el pretexto para desahogar nuestra rabia, nuestros celos, para insultarnos sin insultarnos... Recuerdo que una noche la circasiana se la tomó conmigo, me miraba, me sonreía, me decía en voz baja cosas que yo no entendía... Y el negro Techera, que vió el juego, explotó con aquella voz terrible y demoledora que tenía: "Goya es una porquería". El sabía de mi admiración por Goya y lo que quería decir, en buen romance, era que el porquería era yo. Y yo, sabiendo que él admiraba a Zuloaga, le repliqué con toda irreverencia: —Para porquerías, Zuloaga... Se generalizó la discusión, a gritos, con las venas hinchadas... A la madrugada, cuando nos quisimos acordar, la circasiana, aburrida, se había ido a dormir a su casa.

Como le digo, todos estábamos perdidamente enamorados de la circasiana, incluso Criscuolo... Pobrecito. El nunca debió enamorarse de aquella mujer... Porque lo de él era distinto. Nosotros la queríamos, como diré, la queríamos "a pedacitos", a momentos... Teníamos tantas cosas de qué hablar, tantos proyectos en la cabeza que nos olvidábamos de la circasiana... Pero Criscuolo, no... Criscuolo no tenía ni siquiera que pensar en la tienda, porque no era suya. ¿Que hoy la venta anduvo floja? ¿Y a Criscuolo, qué?... El se pasaba doce horas detrás de un mostrador, pero con el cuerpo, nada más... Entre paréntesis, yo nunca pude imaginármelo vendiendo puntillas con esas manazas terribles, con esos dedos de hombre que jamás desenvolvió un chocolatín... Lo cierto, lo serio, es que Criscuolo se enamoró de la circasiana y la quiso, pero la quiso como un loco, desesperadamente, integralmente, nada de "a pedacitos"...

Nunca supimos si ella le correspondía siquiera en parte, ni cómo hacían para entenderse (si es que se entendían...)... Nunca supimos nada al respecto... Sin embargo... presentimos el drama... Pero, ¿cómo decírselo?... A un hombre se le pueden aconsejar muchas cosas: que deje el cigarrillo, que no beba, que no juegue... Son consejos que no sirven para nada, pero que pueden darse... Pero, ¿cómo decirle a un hombre que no se enamore de tal o cual mujer? ¡Es lo mismo que aconsejarle que se cambie el color de los ojos...! Imposible... Lo vimos... mire, lo vimos revolverse como una fiera... "como una bestia perdida que quiere huir del puñal..."

De golpe, la circasiana desapareció... Después se supo que se había casado con un buen señor almacenero, aburrida tal vez de esperar que alguno de nosotros se decidiera...

A la noche siguiente —aquella noche terrible— Criscuolo faltó a nuestra tertulia... Eso fue todo... La verdad la trajo la madrugada, inesperadamente, cuando ninguno pensaba ya en él...

¡Pobrecito...! El trabajo que le habrá costado meter semejante dedo en el gatillo...!

— V —
RISA Y LLANTO EN ENRIQUE SANTOS DISCEPOLO

El testimonio que Enrique Santos Discépolo dejó en sus tangos —"Yira...yira...", "Qué sapa, señor?", "Tres esperanzas", "Cambalache", "Uno" y otros— acerca de esa década que Federico Pinedo denominó "Los tiempos de la República", ha sido cuestionado imputándole, a Discépolo, pesimismo o angustia, ya sea congénitas o derivadas de su propia aventura personal. Se pretendió argumentar entonces que la sicopatología del autor y no la realidad en la cual el autor estaba inmerso, era la causa de la profunda tristeza de sus canciones. Vano intento pues el análisis histórico más somero demuestra que la amargura del autor de "Canción desesperada" se produce paralelamente a la profunda crisis de una Argentina vasalla y que él, con esa sensibilidad tremenda que le reconociese Homero Manzi para percibir "la cicatriz ajena", fue sólo el intérprete de la misma, el hombre capaz de comprender el dolor y la desilusión de su pueblo y recrearlo artísticamente. Las fechas de sus versos —1930, 1931, 1933, 1935, 1943— así como la circunstancia de que Discépolo no produzca más tangos dolientes en sus últimos años, vividos en pleno auge de la Revolución Nacional, desbaratan totalmente las explicaciones sicologistas de los ensayistas reaccionarios.

Pero, por otra parte, ni aún en plena Década Infame —salvo algunos períodos difíciles de su existencia— él se dejó doblegar por un escepticismo paralizante. ¿Qué desánimo, masoquismo o nihilismo puede adjudicársele a quien fue al mismo tiempo actor y autor teatral, actor y autor cinematográfico, compositor, director de orquesta y poeta popular, gremialista en SADAIC y charlista radiotelefónico?

Más aún, en el trato cotidiano, Discépolo fue siempre inquieto, humanamente cálido, afable, creativo y ésto a tal punto que sus más superficiales amigos caen en el error simétrico al sostener que era un hombre alegre, carente totalmente de tristeza.

La historia de Discépolo, más allá de las anécdotas triviales generalmente mal interpretadas, es simplemente —y nada me-

nos que eso— la de un intelectual comprometido hasta los tuétanos con la suerte de su pueblo. No es un hombre triste, sí un hombre entristecido. Porque desde joven sueña con un mundo mejor y sólo logra vivir en un mundo peor. Frente a eso reacciona con sus canciones testimoniando implacablemente sobre la grave enfermedad que aqueja a su patria y que frustra a los argentinos. Pero también reacciona en la vida diaria preocupándose por los problemas económicos del portero del teatro, lamentando "la mala suerte" de la chica del guardarropa o "tirándole unos mangos" a un compositor de tangos inéditos. Además, en otro plano, también expresa su disconformidad frente a la injusticia reinante apelando al humorismo, en una mixtura de tragedia y comedia donde el drama vive en lo esencial y la broma en la superficie, eso que él cultiva como "grotesco" en el teatro y en los tangos.

De ahí esas diversas facetas de Discépolo, aparentemente contradictorias, que provocan que alguien lo califique como "un gran tipo que siempre estaba haciendo chistes" y otro le impute "una tremenda amargura existencial". *Así, quien conoce su calidez humana se asombra de improviso cuando lo oye apelar al humorismo y sostener por ejemplo:* "Escuche este consejo de un cínico que parece seis: piense en su porvenir. Ha trabajado toda una vida sin descanso. Le ha exigido usted a su físico un rendimiento superior al que podía dar, empeñado en la tarea de mantenerse y mantener a los suyos. Ha trabajado usted sin descanso. Pero la salud no perdona y usted merece una vejez tranquila y un bienestar absoluto. Decídase hoy mismo. Envenene a toda su familia". *O* "Es necesario que usted tenga fe en todos y en todo. Recuerde que de otra manera no podrán estafarlo". *Pero lo que sucede es que en ambos chistes subyace evidentemente una intención crítica. Del mismo modo, apela a la frase ingeniosa para criticar el estrecho caletre de los hombres de negocios:* "No me interesan las ideas comerciales. Tráiganme ideas poéticas o de locos. A Leonardo le dijeron que

estaba loco y hoy La Panagra no piensa lo mismo. De la gente sensata en el comercio no han salido más que los pagarés, los intereses semanales, el tremendo miedo al ingenio y ese invento mezquino de la media suela que sólo sirve para que perdure una capellada sin ambiciones que fatalmente y como un castigo, se raja al día siguiente de colocarse la media suela nueva" ([1]).
O la mediocridad de la clase media "sensata" que desea "vivir sin problemas: Usted es un hombre serio, ordenado, de los que aprietan el tubo de dentífrico por la parte de abajo" ([2]). *O la vida frenética del hombre en la sociedad moderna:* "Tome, llévese el reloj, en este mundo uno puede ignorar quien fue su padre, pero no la hora..." ([3]). *En esta imbricación de la risa y el llanto a través del humorismo, Discépolo acentúa a veces lo cómico como en el guión de "Yo no elegí mi vida" donde afirma:* "Era un tipo que tenía un pie en el manicomio y el otro arriba de un jabón..."([4]) *pero poco después, abandonando lo insustancial, incursiona en lo serio dándole contornos dramáticos:* "De Dios aprendí a sentir, como si fuera un dolor mío, el hambre de los otros, la injusticia de los postergados... y la tristeza infinita de vivir en la tierra que lo ofrece todo, para que los más no tengan nada... esa injusticia que aúlla por las calles de los pobres... y que termina por agitar la razón del que es honrado" ([5]).

El mismo Discépolo se refiere a esta peculiar manera suya de expresarse, en el siguiente escrito:

EN BROMA Y EN SERIO

Me buscaron a mí para decir estas palabras, a mí, precisamente, cuando mi vida es estúpidamente vulgar y mi vulgaridad, ¡estúpidamente sencilla!... Soy feo... pero de chico era más feo todavía... Cuando nací, mi madre me miraba con unos ojos de asombro inenarrable y musitaba con esa ternura que solamente las madres saben tener: "¡Quién lo hubiera dicho!" Y al destaparme para que me vieran los vecinos, les dirigía una mirada dulcísima y les decía: "Disculpen...". Ustedes saben, por supuesto, que eso de la cigüeña es un cuento, un cuento como el de los reyes magos y como el de esos hombres que dicen: "Yo la quiero a Coquita como a una hermana". Bueno, por eso, en vez de la cigüeña, vino una señora con una valijita que cuando terminó su labor se fue enojada y protestando: "¿Y qué puedo cobrar por 'eso'?"

Quizás dirán que esto es una falta de seriedad, pero pienso, a veces, tal cual anda el mundo, que lo serio es hablar en broma... Además, hay una falsa imagen de todo creador, a tal punto que hay gente que cree que un escritor no sabe reír... ¡Piensan que un autor es una persona que en invierno se pone ventilador en la espalda y chupa cubitos de hielo para sufrir! Y no es así... Yo he escrito muchas canciones tristes. Sin embargo, el otro día en una reunión, una señorita me dijo, para dar por terminada una conversación: —Bueno, Sr. Discépolo, dé vuelta la hoja". Y yo le contesté: "¡No soy Adán, pero estoy a sus órdenes!" Y eso no me impide escribir "Yira... yira..."

Les voy a dar otro ejemplo: "Que Vachaché" es una canción agria, desesperanzada... Sin embargo, yo relaté alguna vez su estreno de la siguiente forma:

"Mi primer tango fue "Que Vachaché", lo que equivale a decir que fue mi primer disgusto. Fue en el transcurso de una turbulenta y azarosa gira teatral de una compañía cuyo elenco integraba y que encabezaban dos grandes actores cómicos a los que debo el haber llorado las lágrimas más amargas de mi vida... A los ocho días de salir empezó el drama. ¡Las que pasamos! ¡Qué manera de comer salteado! Comíamos por riguroso turno: martes, jueves y sábados; las mujeres. Miércoles, viernes y domingos: los hombres. El lunes ayunábamos todos de prepotencia... Yo he asistido a verdaderos campeonatos de salto en largo, pero como aquellos jamás... Ríanse... El récord lo batió la característica, la actriz más vieja de la compañía... La pobre saltó de un café con leche de un martes a la mañana y sin tocar el suelo, fue a parar a un té con leche de un viernes por la noche. ¡Este salto yo no lo he visto dar ni con garrocha!... Debo declarar además que la distancia fue cubierta en excelente estilo y sin rozar en el trayecto un solo bife... ¡Las que pasé!... Recuerdo que mi hermano, ignorante de mi situación, respondiendo a una de mis cartas, me observaba: "Te envío de vuelta tu esquela para que repares en la caligrafía. Es vergonzoso que ya no sepas escribir. ¿Qué te pasa?" Cuando la miré, me dió risa... Era muy simple: al escribir, ¡las mayúsculas se desmayaban de hambre sobre las minúsculas...!

¡Qué temporada!... Yo había llegado a un punto de flacura tal que si me tapaba un ojo quedaba disfrazado de aguja... Por fin, dimos la función. Adelante. Se levanta el telón. Pasan varias escenas y sale la hermana del apuntador convertida por azar en cancionista. De salida da un tropezón, se hace un lío con la cola del vestido... y plaff... cae así para adelante y se queda en el suelo en cuatro patas. Era realmente una posición que no debía haber abandonado nunca. Un comienzo magnífico. Yo pedía a gritos un revólver para matarme, pero siempre y cuando me dejaran matar antes a la cancionista... El pianista, un honrado padre de familia a quien internaron semanas después en un manicomio, hacía unos arpegios tan violentos sobre el teclado que parecía más bien un tirabuzón enloquecido que jugaba a la mancha sobre el piano. A su lado, el violinista rascaba el instrumento con un optimismo y una cara de pambazo irritante. Sonreía a todo. Era feliz. Era feliz porque desafinaba. Se había propuesto desde muy chico serruchar el violín de parte a parte valiéndose tan solo de su arco y cada vez que yo lo miraba, enloquecido de entre bastidores, él respondía con un gesto como queriendo decir: "Ya va a estar". Y seguía rascando. El flautista era asmático y la flauta rencorosa. Había no sé que viejos resentimientos personales entre ellos y para ventilarlos aprovechaban mi tango. A todo esto el público —una abigarrada muchedumbre de cuatro personas— se revolvía en la platea como si se le hubiera caído el techo en la cabeza. A la cancionista, que seguía en cuatro patas, no se le entendía una palabra y parecía que cantaba en árabe. En ese momento, alguien gritó: —¿Quién arrastra los muebles?". . . Me quedé frío. Yo había ya notado un ruido persistente y ronco. . . ¿Qué podría ser?. . . Presté atención. . . Era el contrabajo. Corrí al foso. Era él. Repetía siempre la misma nota rascando con toda gravedad. —¿Qué hace? le grité. —Aquí andamos, me contestó—. ¿Qué nota hace?, le pregunté —Ah, una. —¿Cómo, una? —Y claro, me dijo. ¿No son siete las notas? —Sí, respondí. —Y bueno, si no son más que siete, por aquí tiene que pasar. . .

Así estrené "Que vachaché", mi primer tango y mi primer disgusto.

Pero hay gente que no entiende que uno pueda componer canciones tristes, incluso crueles y sin embargo, pueda a veces saltar de lo triste a lo cómico. Lo que pasa es que lo cómico y lo trágico no se contraponen siempre. Por el contrario, muchas veces van juntos. Yo decía una vez por la radio cosas como éstas: "Señor, piense seriamente en el porvenir de sus hijos. Un día usted les faltará y ellos deberán afrontar solos la lucha por la vida. Procure entonces que antes de morir usted. . ., ellos ya sean ladrones". Y más allá del chiste, cualquiera se da cuenta del fondo serio, crítico, de la frase. Lo que sucede es que en el arte y en la vida lo cómico y lo dramático se mezclan, se confunden. Yo tengo tangos de forma cómica, pero de fondo serio, de ese género que llamamos "grotesco" como "Chorra". Y en el mismo sentido he trabajado en el teatro. Por eso, soy un contrasentido perpetuo y si mis admiradores me conocen por mis letras tristes, mis amigos personales me conocen por mis chistes". ([6])

Esa risa dolorosa, de ese "Hermes bicéfalo que con una cara ríe y con la otra llora", según la definición de Pirandello, que recorre los diálogos de un grotesco como "Stéfano" y los versos de sus canciones, aparece también en la vida cotidiana de Discépolo. Así, Néstor Nocera recuerda que un día iba con Discépolo caminando sin rumbo (respondiendo a una de esas invitaciones de Enrique: "Vámonos, vámonos a ninguna parte"), cuando al llegar a una esquina, el agente de policía corta el tránsito. Como Discépolo distraídamente continuaba avanzando, el policía le dice imperativamente —"Espere". El lo mira entonces, volviendo a la realidad de su vida y de su sufrido país y le contesta: "Desde que nací que estoy esperando" ([7]). *Norberto Aroldi, por su parte, acostumbraba a recordar esta anécdota: "En uno de esos momentos difíciles de la vida de Discépolo, cuando sus finanzas ya tocaban fondo y la Compañía amenazaba cortarle la luz, se entera que un amigo de la infancia ha llegado a ocupar un altísimo cargo, a nivel casi de ministro. Desesperado, lo llama por teléfono y le explica su situación: "Mirá, estoy listo, no tengo un peso. A ver si me podés dar una mano. El otro le contesta;* —"*Sí, como no pero... mañana voy a una conferencia, pasado a casa de Gobierno, el viernes... el viernes es un día difícil, fin de semana en la quinta, lunes... Sí, quedate tranquilo que te voy a ayudar. Venite el miércoles próximo, ¿Podés? Y Discépolo le contesta:* —*No, mirá, te agradezco, el miércoles no puedo porque tengo que ir a mi entierro..."* ([8]).

Pero el sentido último del humorismo acre de algunos de sus chistes así como del tinte sombrío de sus tangos, Discépolo lo define aún con mayor claridad en declaraciones al periodista Andrés Muñoz. Allí, al referirse a la obra "Wunder Bar", de Herzoc y Farkas, traducida por Hickens, adaptada por él y Armando y donde interpreta al personaje central, Mr. Wunder, Discépolo aventa toda posición pesimista y afirma sin vacilaciones el carácter cuestionador, rebelde, y finalmente progresista, de toda su obra. Allí dice:

"Lo que ocurre simplemente es que nosotros (Wunder y Discépolo) nos hemos sintonizado. El me entiende a mí y yo lo entiendo a él. Si mi "Wunder" escribiera tangos los haría muy parecidos a los míos, sobre todo a los grotescos en que la risa y la mueca se confunden, y si yo fuera dueño de un dancing lo manejaría de acuerdo con su filosofía. Porque Mr. Wunder tiene una filosofía. Es una filosofía pesimista, que adquiere, sin embargo, una expresión optimista y alegre.

Wunder no es ningún tonto de circo, de esos que quieren hacer reír vaciándose el cerebro para que suene bien a hueco. Tampoco es un avestruz que esconde la cabeza para no ver el peligro, creyendo así eludirlo. Es simplemente un hombre inteligente que quiere curar la tristeza con conocimiento de causa. El sabe que la vida actual es horrible y trata de superar esa realidad volviéndola alegre, pero sin ignorarla. Recomienda el olvido, pero no la ignorancia. Antes se decía: "Quien añade ciencia, añade dolor...". Pero esa frase ya no nos sirve. Es anterior a la penicilina. Ahora todos sabemos que si la humanidad tiene cura, debe empezar por conocer bien sus males para buscarles después el remedio.

Yo preconizo la misma terapéutica de Mr. Wunder, que por cierto coincide con la de aquel intendente famoso que aconsejaba "sembrar alegría". Pero esta siembra no sólo hay que hacerla en carnaval, sino en cualquier época del año. La alegría con careta ya no nos basta. Ese era un buen recurso de los tiempos idos, ingenuos y mistificadores. Hoy todos nos conocemos y no adelantamos nada con disfrazarnos. Justamente no pocos males que sufre el mundo moderno, se deben a la persistencia de algunos disfrazados anacrónicos..." ([9])

NOTAS:

([1])   E.S.D. en "Blum".
([2])   Idem.
([3])   E.S.D., en "Yo no elegí mi vida".

(⁴) Idem.
(⁵) Idem.
(⁶) E.S.D. Borradores archivo.
(⁷) Reportaje a Néstor Nocera, 1965 (N.G.
(⁸) Reportaje a Norberto Aroldi, 1965 (N.G.)
(⁹) Reportaje a E.S.D. de Andrés Muñoz, en Treinta vidas de artistas argentinos".

— VI —
¡A MI NO ME LA VAS A CONTAR MORDISQUITO!

En el otoño de 1951 —y con vistas a las elecciones nacionales del 11 de noviembre— comienza a propalarse por la Cadena Nacional de Radiodifusión el programa "Pienso y digo lo que pienso", desde el cual varias figuras de nuestra escena: (Lola Membrives, Pierina Dealessi, Tita Merello, Juan José Míguez, Luis Sandrini y otros) repiten una propaganda a favor del gobierno que no se caracteriza precisamente por su profundidad, ni ingenio. En los primeros días de julio, Raúl Alejandro Apold, el todopoderoso Subsecretario de Prensa del gobierno de Perón, lo invita a Discépolo a participar en dichas audiciones. El autor de "Yira... yira..." vacila, en principio, pues no le entusiasma la idea de colocarse en la vidriera política, pero hallándose totalmente consustanciado con la Revolución Nacional e incluso siendo amigo personal del General Perón, entiende que no debe negarse. Acepta pues y de acuerdo a lo convenido con Apold, aparece a la semana siguiente por la Subsecretaría de Prensa. Allí se interioriza de las audiciones en que debe intervenir y luego de hojear los libretos evidencia una gran contrariedad. Aquello resulta gris, chato, sin fuerza, incapaz de repercusión. Entonces, rechaza el mediocre texto. Hasta ahora, todos los actores que han pasado por "Pienso y digo lo que pienso" se han limitado a leer, sin hacer objeciones de ninguna especie. Pero el planteamiento de Discépolo y su extrema delicadeza para con los autores —uno, pariente político; el otro, coautor suyo de "Blum"— obliga a Apold a buscar una solución salomónica. Se decide finalmente que Abel Santa Cruz y Julio Porter se reúnan con Enrique en su departamento de la calle Callao para cambiar ideas sobre las charlas, pero dejando en manos de Discépolo la redacción definitiva de las mismas. Por eso, la más inadvertida lectura de los nuevos libretos permite observar en ellos las palabras, las ocurrencias y el singular modo expresivo de Enrique: "Tengo dos docenas de glóbulos rojos" (primera audición"... "Pasaste de náufrago a financista sin bajarte del bote..." (segunda audición).

Discépolo no ha sistematizado jamás sus ideas en una ideología totalmente coherente. Precisamente, porque no es un político sino un forjador de versos o como él dice "un inofensivo creador de canciones". De ahí que sus charlas no analicen la política económica del peronismo, ni su importancia como Revolución Nacional en una perspectiva histórica. Pero, en medio de la chatura ideológica que prevalece en ese momento, estas audiciones adquieren gran resonancia, de la cual resulta prueba irrefutable su vívido recuerdo a través del tiempo.

Entonces, aquel crudo 11 de julio de 1951, la voz de Enrique Santos Discépolo llega a miles y miles de hogares cuando las familias se reúnen para cenar. Así se inician aquellas charlas que muy pronto ocuparán la atención de toda la República:

"Antes no te importaba nada y ahora te importa todo... y protestás. ¿Y por qué protestas? Ah, no hay té. Eso es tremendo. Mirá que problema. Leche hay, leche sobra, tus hijos que alguna vez miraban la nata por turno, ahora pueden irse a la escuela con la vaca puesta... ¡pero no hay té! Y según vos, no se puede vivir sin té. Te pasaste la vida tomando mate cocido, pero ahora me planteás un problema de Estado porque no hay té. Claro, ahora la flota es tuya, ahora los teléfonos son tuyos, ahora los ferrocarriles son tuyos, ahora el gas es tuyo, pero... ¡no hay té!..."

Y la vocecita aguda, chillona, enfática, comienza a molestar los oídos de "la gente decente", a estorbar la plácida digestión de la clase media:

"Antes no había nada de nada, ni dinero, ni indemnización, ni amparo a la vejez... y vos no decías ni medio, vos no protestabas nunca, vos te conformabas con una vida de araña. Ahora ganás bien, ahora están protegidos vos y tus hijos y tus padres. Sí, pero tenés razón, ¡no hay queso!... Vos, el mismo que estás preocupado porque no podés tomar té de Ceylán... y durante toda tu vida tomaste mate. ¡No! ¡No! ¡A mí no me la vas a contar!"

Aquella audición antes anodina y cargosa se transforma ahora en incisiva y mordiente. Su auditorio crece no sólo incorporando amigos sino también enemigos, porque son muchos "los contreras" que encuentran un irresistible imán en esas charlas puntiagudas e implacables.

Discépolo echa una mirada hacia atrás, hacia aquella Década Infame que él radiografió en sus tangos y trae, desde el recuerdo, ese ayer ignominioso para cotejarlo con el jubiloso presente. Recuerda el "antes", cuando "yo ya era un hombre entristecido por los otros hombres" *y vuelve sus ojos al hoy,* "cuando me levanta en vilo el entusiasmo de los otros, mi propio entusiasmo y me pongo a gritar. . ." porque "es lindo gritar cuando el grito es una profesión de fe", porque "es lindo perder la línea y entrar en la noche a saltos por una convicción".

Charla a charla, va pasando revista a los profundos cambios sociales producidos en el país. La mujer de pueblo ya no es lavandera ni sirvienta para "todo uso", sino que ha entrado a la fábrica, está protegida por leyes y deposita su voto eligiendo a sus gobernantes. Las muchachitas ya no dan el mal paso ni se encierran en el living para castigar un piano alemán, sino que florecen en las calles rumbo a la Facultad o a la oficina. Los muchachos ya no ven cerrados sus horizontes, ni los ronda el fantasma de la desocupación sino que inundan las fábricas multiplicadas, llenan las escuelas técnicas o colman las profesiones liberales. Y los viejos, "aquellos viejos que debían volver al combate. . . a ganarse la vida que se habían ganado mil veces", ahora están protegidos por jubilaciones y pensiones.

Discépolo no se enmaraña en polémicas bizantinas, sino que simplemente pasa revista a los hechos concretos, evidentes, poniendo esa realidad tozuda ante los ojos del hombre atado a los viejos mitos del país semicolonial. Cree en el poder de las palabras y dice su verdad en la turbulenta palestra política con el corazón rebosante de esperanza, en la seguridad de ser comprendido. No lo guía el odio —aunque muchas veces su palabra hiera— sino el propósito de convertirse en un tábano que no tolere hombres adormecidos en un país pujante que hierve de futuro. Cree que con ese lenguaje directo, popular, logrará convencer a los remisos. En esa búsqueda de mayores efectos llega un día a la conclusión de que las charlas tendrían más fuerza y vivacidad si se dirigieran a un específico interlocutor. Y una tarde le comenta a Apold que ha inventado un personaje: el prototipo del opositor recalcitrante que nada ve, ni nada quiere aceptar y que muerde incesantemente al gobierno con su rumor chiquito, con su calumnia barata, con su crítica enana. Esa noche, a las 20 y 30, Discépolo está en la radio y ya sobre el inicio de la audición sigue corrigiendo el texto, agregando o quitando según su costumbre, en su permanente manía de perfectibilidad. Enseguida comienza su charla:

"Sí... son muchas las cartas que recibo... Y tanto o más que las otras me interesan las que me reprochan algo... Por eso me interesó la tuya, Mordisquito. (¿Así firmabas, verdad?... ¡Mordisquito!)... Y bueno, Mordisquito, discutamos".

De este modo, se agrega un nuevo personaje a la galería de tantos ya creados por Enrique en los tangos, el teatro y el cine. Y desde ese momento, "Mordisquito" cobra cada vez mayor difusión hasta que termina por convertirse, en boca de muchos, en el apodo para denominar al propio Discépolo.

Noche a noche, su palabra se torna más corrosiva, más aguda, apuntando la implacable artillería contra los sectores antinacionales:

"Claro, la geografía de tus sentimientos termina en la Avenida General Paz... Porque vos naciste, no a la orilla del arrabal ofendido por el conventillo y atravesado por la zanja; no allá lejos, en el dolor de una provincia olvidada o de un territorio maltrecho... sino en el barrio cómodo, dentro de una familia confortable, a una cuadra del colegio... ¡Todo servido para vos!... Vos no conociste el drama de los changos descalzos que llegaban en burro a la escuela... una escuelita de barro y arañas... y que no quedaba como la tuya a los pies de la cama, sino a una legua, a dos, a diez... tan lejos de la casa y tan cerca del hambre... Por eso tenés la negligencia del que vive bien y está muy lejos de los que mueren mal..."

Y poco después agrega:

"Vos siempre viviste sin la angustia del peso que falta y nunca llegaba hasta tu mundo el rumor doloroso de las muchedumbres explotadas. ¿Entendés, Mordisquito? ¡No! ¡A mí no me vas a contar que no entendés, que no entendiste ya, hace mucho tiempo! ¡No! ¡A mí no me la vas a contar!"

Durante treinta y siete noches, Discépolo se constituye en lo que la oposición denomina "el propagandista mimado de la dictadura" llegando incluso a tacharlo de "vendido". El responde entonces a la injuria:

"¿Vendido yo? ¡Inocente! Si sabés que comprarme a mí es un mal negocio. Desde que nací hasta ahora vivo de mí y de mis obras. Por fortuna —o por desgracia— no hay nadie que pueda ayudarme. Sólo mis obras y el pueblo... No hay gobierno que pueda darle más éxito o menos éxito a una canción mía, a una obra mía, a una película mía. Tengo el orgullo de mi independencia... Lo que yo le debo a este gobierno es mucho más de lo que vos te creés. Le debo, desde mi soledad, la enorme dicha que goza el pueblo, el rumbo firme que lleva y el porvenir que vislumbro".

Poco después, cesa su ciclo radiofónico. Pero ante el reclamo por parte de sectores nacionales, Discépolo pronuncia unas pocas charlas más en los días previos a la elección. Tiempo más tarde, la Secretaría de Prensa de la Presidencia edita las treinta y siete charlas del primer ciclo —luego reeditadas por Editorial Freeland— pero no así las del segundo ciclo de audiciones. Por ese motivo, reproducimos a continuación fragmentos de dos de estas últimas:

"¿Vos te creés que yo tenía la menor sospecha de que iba a reanudar estas audiciones? ¡No! Si te lo dije todo. Treinta y siete noches te hablé, treinta y siete noches en que te lo dije todo y vos no entendiste nada. Mejor dicho, no es que no me entendiste. No quisiste entender que eso es peor. Pero te hablé treinta y siete noches y creo qué esa fue la embarrada. Yo debía haberte hablado treinta y siete días, siempre de día. La almohada es un elemento muy valioso en la vida de la gente, pero la almohada sola, entendés, sin la noche. La almohada y la noche juntas son un peligro tremendo para la gente que como vos acuña desesperanzada la idea de una rehabilitación que no puede llegarle, que no debe llegarle porque sería la desgracia de todos. ¿Entendés? Porque la noche es terrible. Porque a muchos como vos les da una idea deforme de la realidad y porque el insomnio tiene la virtud de transformar en razonables las cosas más injustas. Lo tuyo, por ejemplo, ¡Qué querés volver! Lo tuyo, que es monstruoso porque es historia y está escrito en la memoria, en los papeles, en las cárceles, en los muertos y en los vivos que están muertos. Sos el pasado, el pasado más cruel que haya vivido nación alguna. Porque ningún país nació a la vida con tantas posibilidades para ser dichoso como este tuyo y ninguno padeció tanta injusticia y tanta barbaridad como este tuyo y por tu culpa. Sos el pasado que quiere volver por amor propio; sólo por amor propio. Idea mezquina la tuya en esta hora de las grandes decisiones, tan mezquina la idea que de tanto andarte a pie por la cabeza ella misma se te ha detenido avergonzada en las sienes y te late como si tuvieras un kilo en cada una ¿y sabés por qué? Porque tu idea y yo sabemos que no debés volver. Y vos también, en el fondo de tu alma, aunque lo escondas, sabés también que no debés volver. Por decoro. Por recuerdo. Por historia. Sos la imagen del retroceso, de la injusticia, del hambre, del entreguismo. Y el pueblo lo sabe, como lo sabés vos. El pueblo lo sabe porque lo padeció: que venís de viejos partidos que nunca hicieron nada en beneficio del pueblo que es la Patria y que si alguno de los tuyos alguna vez intentó portarse bien, se cansó enseguida. Fue solamente algún abuelo que se murió hace mucho. El pueblo sabe que vos sos nieto, que todos ustedes son nietos, que ninguno de ustedes hizo nada más que ser nieto, nieto de la plata, nieto de las ideas. Que desde la muerte de ellos, hasta la llegada de este gobierno hubo un vacío de dignidad y esfuerzo que vos pudiste llenar y como un criminal no cumpliste ninguna de las veces que se te dio el gobierno. Porque vos no sos una esperanza, ni una incógnita. ¡Vos gobernaste! No una vez, sino varias veces ¡y mal! ¡Gobernaste mal! Infamemente. Y el pueblo lo sabe eso, como sabe todo. Reconocé entonces que es mal negocio para un pueblo tu vuelta al poder si para respetarte un poco ese pueblo tiene que pensar en tu abuelo. Mal negocio para un pueblo como éste que está enfrente a un gobierno de asombro que le ha dado lo que ni Dios, ni la madre, le dieron en mil años. De un gobierno que ha puesto en marcha a la Patria hacia un destino que nadie, nada más que él solo, puede conducir por una razón sencilla: porque este gobierno en vez de seguir lo clásico que era tan cómodo, se metió en el tembladeral de las revisiones alcanzando a cada uno la proporción de dicha que le corresponde, revolución gloriosa que se alcanzó con el esfuerzo de unos cuantos para felicidad de todos, tan afortunada como revolución que vos, para darle alguna posibilidad a tu propaganda, tenés que ofrecer en tus discursos migajas de esa doctrina triunfante. No creas que no te oí; bien claro que lo dijiste en una proclamación: "Y podemos asegurar a los obreros que si llegamos al poder, la conquistas obtenidas no se perderán". ¿Obtenidas por quién? Por este gobierno. ¿Y si las obtuvo este gobierno, por qué te van a votar a vos? Has perdido hasta la sensación del ridículo. Mirá: este gobierno es tan perfecto que, por lograrlo todo, hasta nació de un carozo: no arrastra taras, no arrastra pasado, sólo tiene un presente indiscutible y un porvenir que da envidia. Sí, Mordisquito. Vos sabés que no debés volver. Como sabés también que en el cuarto oscuro tus candidatos y vos lo van a votar a este gobierno. Sí, calláte. Yo sé lo que te digo. Si esto no fuera tan serio, si se pudiera hacer la broma, me gustaría que los peronistas todos te votáramos para verte disparar al extranjero horrorizado del triunfo, espantado de no saber que hacer con un país cuyo destino no entendiste nunca y cuyo bienestar te repugna. Hasta mañana, Mordisquito. Vengo por pocos días porque me has hecho volver, pero es la hora de las definiciones y yo tengo la obligación de decirte porque no te prefiero ni yo, ni este pueblo. Tengo 50 años y una memoria de fierro. Y en esas condiciones, ¡no me la vas a contar, Mordisquito!

"Bueno, mirá, lo digo de una vez. Yo, yo no lo inventé a Perón. Te lo digo de una vez así termino con esta pulseada de buena voluntad que estoy llevando a cabo en un afán mío de liberarte un poco de tanto macaneo. La verdad: yo no lo inventé a Perón ni a Eva Perón, la milagrosa. Ellos nacieron como una reacción a tus malos gobiernos. Yo no lo inventé a Perón ni a Eva Perón ni a su doctrina. Los trajo, en su defensa, un pueblo a quien vos y los tuyos habían enterrado en un largo camino de miseria. Nacieron de vos, por vos y para vos. Esa es la verdad. Porque yo no lo inventé a Perón ni a Eva Perón. Los trajo esta lucha salvaje de gobernar creando, los trajo la ausencia total de leyes sociales que estuvieran en consonancia con la época. Los trajo tu tremendo desprecio por las clases pobres a las que masacraste desde Santa Cruz a lo de Vassena porque pedían un un mínimo respeto a su dignidad de hombres y un salario que les permitiera salvar a los suyos del hambre. Sí, del hambre y de la terrible promiscuidad de sus viviendas en las que tenían que hacinar lo mismo sus ansias que su asco. No. Yo no lo inventé a Perón ni a Eva Perón. ¡Vos los creaste! Con tu intolerancia. Con tu crueldad. Con la misma crueldad aquella del candidato a presidente que mataba peones en su ingenio porque le pisaban un poco fuerte las piedritas del camino a la hora de la siesta. Sí, yo sé que te fastidia que te lo recuerde. Es claro, pero vamos a terminarla de una vez. Porque yo no lo inventé a Perón ni a Eva Perón. Los trajo la injusticia que presidía el país... En un país milagroso de rico, arriba y abajo del suelo, la gente muerta de hambre. Los maestros sirviendo de burla en lugar de hacer llorar porque estaban sin cobrar un año entero. ¡No! ¡Y todo vendido! ¡Y todo entregado! Yo sé que te da rabia que te lo repitan tantas veces pero es que entristece también pensar que no lo querés oír. El otro día en un discurso oí que decías refiriéndote a un gobierno de 1918 "Ya por ese entonces los obreros gozaban...". ¿De qué gozaban? ¡Los gozaban! Que no es lo mismo. Y sí, Mordisquito, ¡los gozaban! La nuestra es una historia de civismo llena de desilusiones. Cualquiera fuese el color político que nos gobernó, siempre la vimos negra. Aspiramos a gozar y al final nos gozaron. ¡Todos! ¡Siempre! Una curiosa adoración, la que vos sentís por los pajarones, hizo que el país retrocediese cien años. Porque vos tenés la mística de los pajarones y practicás su culto como una religión. Cuanto más pajarón él, más torpe y más crédulo vos. Te gusta oír hablar a la gente a la que no le entendés nada. La que te habla claro te parece vulgar. Yo también entré como vos y ¿por qué no confesarlo? me sentía más conmovido frente a un pajarón que frente a un hombre de talento. El pajarón tiene presencia, tiene historia, larga, la que casi siempre empieza con un tatarabuelo que era pirata. Yo también me sentía dominado por los pajarones cuando era chico. ¡Ahora, no! Cuando era chico, sí. ¡Pero no ahora, Mordisquito! Salváte de los pajarones. El fracaso, por no decir, la infamia de los pajarones fue lo que trajo como una defensa a Perón y a Eva Perón. Pero no fuí yo quien los inventó. A Perón lo trajo el fraude, la injusticia y el dolor de un pueblo que se ahogaba de harina blanca y una vez tuvo que inventar un pan radical de harina negra para no morirse de hambre. Tampoco te lo acordabas. Ay, Mordisquito, que desmemoriado te vuelve el amor propio. Te dejo. Con tu conciencia. ¡Perón es tuyo ¡Vos lo trajiste! ¡Y a Eva Perón también! Por tu inconducta. A mí lo único que me resta es agradecerte el bien enorme que sin querer le hiciste al país. Gracias te doy por él y por ella, por la Patria que los esperaba para iniciar su verdadera marcha hacia el porvenir que se merece. ¡A mí ya no me la podés contar, Mordisquito! Hasta otra vez, sí. Hasta otra vez ([1]).

NOTAS:

([1]) Archivo General de la Nación.

APENDICE

I — EL GROTESCO, UNA POLEMICA INEVITABLE
II — CUATRO SEMBLANZAS SOBRE
     ENRIQUE SANTOS DISCEPOLO

— I —
EL GROTESCO
UNA POLEMICA INEVITABLE

Al correr de las páginas de este libro, el lector habrá observado algunas afirmaciones de Enrique Santos Discépolo reivindicando su participación en el género teatral denominado "grotesco", cuya exclusiva paternidad se atribuye generalmente a su hermano, Armando Discépolo. En el relato autobiográfico, Enrique sostiene refiriéndose a su labor como autor teatral: "Todo lo que yo he escrito ha sido estrenado, *aunque no siempre con mi nombre...*" Al explicar "Por qué y cómo escribo tangos" habla de la obra "Stéfano" como "planeada" por su hermano Armando pero, para cuya concreción, *"debíamos* ponernos a trabajar" y aunque admite que él era quien fallaba pues se escabullía a un altillo para componer sus canciones, queda implícita la idea de que se trata de una obra en colaboración. Asimismo, en declaraciones a Andrés Muñoz reitera: "Tengo tangos de forma cómica, pero de fondo serio, de ese género que llamamos "grotesco", como "Chorra". *Y en el mismo sentido he trabajado en el teatro"*.

La indiscutible honestidad y generosidad de Enrique convierten a estas afirmaciones en elementos de juicio suficientes como para crear incertidumbre acerca del verdadero creador del "grotesco" en la Argentina, especialmente por el paralelismo existente entre la obra poética de Enrique y las obras definidas como "grotesco". De ahí este Apéndice a los "escritos inéditos" de Enrique pues hay razones que permiten suponer que, además de estos escritos hasta hoy sin editar, existe otra obra de suma importancia —creada por él o por lo menos en cuya creación él participó— que ha sido editada pero sin su nombre.

En 1966, en mi trabajo biográfico "Discépolo y su época" 1ra. edición, Editorial Jorge Alvarez, 2da. edición Edit. Ayacucho (1973) dejé planteada ya mi inquietud al respecto sosteniendo que no tenía animadversión alguna respecto a Armando Discépolo, ni me movía la intención de polemizar sobre el iniciador del grotesco, ni tampoco pretendía una investigación sobre la paternidad de "Mateo" y "Stéfano" pues fundaba la importancia de Enrique Santos Discépolo en su obra poética testimonial. Pero acoté también que dejaba la palabra "a los viejos críticos de teatro que aclararían muchas cosas si se decidieran a estampar por escrito lo que afirman con "pelos y señales" en una mesa de café y que, por mi parte, entregaba al lector algunos datos y reflexiones "para que formase criterio por sí solo pues no estaba dispuesto a tolerar complicidades y silencios en la seguridad de que la verdadera historia del teatro argentino dirá algún día la palabra definitiva".

Entre esos elementos de juicios figuraban los siguientes:

1) El 13 de julio de 1931, un periodista de "La Nación" le pregunta a Enrique: "Se ha dicho que usted colaboró en la obra "Mateo". ¿Es cierto?" Y él contesta: "En Corrientes y Callao arrancamos la primera página del libro".

2) Resulta curioso que Armando Discépolo, que aparece como el creador del grotesco, no lo defina con exactitud pues según Luis Ordaz, en "Breve Historia del teatro Argentino" (Eudeba), Armando considera que "lo serio y lo cómico se suceden o se preceden recíprocamente y en su aspecto teatral, yo definiría al grotesco como el arte de llegar a lo cómico a través de lo dramático". Parece más correcta la definición inversa según la cual la risa es solo excusa para llegar al llanto, es decir: "Grotescas son aquellas obras de forma cómica, pero de fondo serio". Y esta es justamente la definición que da Enrique según lo transcribe Andrés Muñoz.

3) La influencia de Enrique en los grotescos firmados por su hermano ha sido y es conocida ampliamente en los ambientes

teatrales, aunque aún la letra impresa no ha tenido la audacia de poner las cosas en su lugar. Armando produce de joven algunas obras serias de tinte anarcoide, pero alejadas del grotesco y sin mayor repercusión, alcanzando fama, en cambio, como autor de sainetes reideros, la mayor parte en colaboración con Rafael José de Rosa y Mario Folco, siendo Enrique por entonces un adolescente. Recién firma Armando su primer grotesco "Mateo" cuando Enrique ya ha cumplido veintidós años y luego aparece como autor de otros grotescos, durante diez años, hasta que distanciado de su hermano, abandona la producción de obras teatrales en 1934. (Durante los restantes treinta y siete años de su vida, hasta su fallecimiento el 8 de enero de 1971, Armando realiza una importantísima tarea como director en teatro y radio, pero no produce ninguna obra).

Estos planteos de "Discépolo y su época", así como otro semejante en carta de los lectores de la revista Confirmado, del 26/8/65, intentaron provocar una polémica al respecto pero no surtieron efecto pues ni Armando —vivo aún— ni ningún admirador suyo, ni periodistas o críticos teatrales, consideraron conveniente polemizar.

Quince años después, vuelvo sobre el tema pero lo hago ahora con la convicción de que aquellas obras que como "Mateo", "Stéfano" y "El Organito" pueden rotularse más definidamente como "Grotesco", llevan el sello indiscutible de Enrique Santos Discépolo. Quizás debido a que Armando ya era por entonces un autor conocido por sus sainetes o por la autoridad que ejercía sobre Enrique —en virtud de ser hermano mayor y de temperamento muy fuerte— aquel firmó las dos primeras obras como único autor y ya después, la generosidad de Enrique permitió que jamás se aclarara públicamente la situación, aunque ya hemos transcripto esas referencias suyas demasiado sugestivas.

Por eso me creo en la obligación de divulgar el resultado de los reportajes que realicé en 1965 a una treintena de personas de las cuales sólo diez accedieron a opinar sobre este conflictivo asunto, incluso algunas advirtiendo que eran opiniones "off the reccord" y que no las reconocerían públicamente. De esta decena, sólo Norberto Aroldi rechazó la posibilidad de que Enrique fuese autor o coautor de los grotescos firmados por su hermano. Aroldi expresó: "Armando Discépolo es el máximo dramaturgo rioplatense. Rechazo totalmente lo que dicen algunos: que Enrique le escribía las obras". Sin embargo, el mismo Aroldi concluyó la conversación sosteniendo lo siguiente: "Usted no va a poder hacer la biografía de Enrique por dos motivos: el problema con Armando (?) y la vinculación de Enrique con el peronismo". Los demás opinaron así:

1) Tania: "Mateo" y "Stéfano" pertenecen a Enrique y "El organito" no es obra en colaboración sino de Enrique solamente".

2) Francisco Benavente, hombre de teatro y radio, manifestó la misma opinión que Tania.

3) Marta Sozzio, hija de Mariano Sozzio, conocido como autor teatral bajo el nombre de Mario Folco, recordó que su padre comúnmente relataba que una noche Enrique le llevó una obra que tenía escrita en su casi totalidad y se la leyó. Folco le dijo: "—Muy bien, pibe. Si querés la podemos hacer". Poco tiempo después esa obra apareció en escena con el nombre "Mateo" y firmada solamente por Armando. Folco, autor de la conocida obra "El casamiento de Chichilo", era pariente de De Rosa y éste a su vez lo era de Armando. Colaboró mucho con Armando y su hija agrega que "El movimiento contínuo" le pertenece a su padre, aunque Armando da esta obra como propia o acepta apenas que "colaboraron De Rosa y Folco". Insiste además en que Roberto Casaux, en una dedicatoria a Folco,

le hacía mención a su paternidad sobre los principales obras de esa época que aparecían firmadas en colaboración. En ese reportaje, la hija de Mario Folco dió un testimonio además sobre la posición política de Enrique: "Me lo encontré unos meses antes de morir y como le demostrara mi asombro por su adhesión al peronismo, me contestó: —Vos estás equivocada, Marta. Perón es un tipo como tu viejo, un tipo muy gaucho.

4) El crítico teatral Francisco Bolla sostuvo: "Efectivamente, es muy conocido en "el ambiente" que dos o tres obras firmadas por Armando son de Enrique. Armando tuvo problemas también con De Rosa y con Folco en cuanto a derechos de autor".

5) Andrés Romeo, también crítico teatral: "Es cierto que hay mucho de Enrique en "Mateo" y "Stéfano".

6) Bernardo Caplán: "Enrique colaboraba mucho con Armando. "Mateo" es de los dos".

7) Marcos Caplán: "Hay una obra de teatro hecha por Enrique y firmada por Armando".

8) Raúl Baliari: "En todas las obras de Armando del veintitantos en adelante, está la mano de Enrique".

9) Néstor Nocera: "Una vez íbamos camino a Mar del Plata y en ese clima propicio a la confidencia, Enrique me dijo: Una obra de teatro que firma Armando es mía y otra que firmamos entre los dos, la hice yo solo... Me costó mucho desprenderme de la tutela autoritaria de Armando. Le pregunté, ¿por qué? agrega Nocera. Y me contestó: —¿Vos le viste la cara a Armando, no? (aludiendo a la expresión fría y dura del rostro de su hermano).

En esos meses del año 1965 en que realicé estas entrevistas, me llamó un día por teléfono Julio De Caro y me dijo: —Véngase por mi casa dentro de un rato. Ya que usted está preparando un trabajo sobre Discépolo, le tengo reservada una sorpresa". Allá fuí y me encontré con Armando Discépolo, ya casi octogenario, pero aún enhiesto y lúcido. Reproduzco lo esencial de aquel encuentro:

N.G.: Estoy trabajando en una biografía de Enrique Santos Discépolo. Me interesaría que usted me aportase recuerdos o cartas, no sé, lo que pueda servir a mi biografía.

A.D.: No tengo documentación porque nunca guardo nada. Recuerdos, sí, por supuesto, ¿Usted conoce las andanzas de Enrique por la calle Rioja con el grupo de pintores?

N.G.: Sí, estuve últimamente con el grabador Adolfo Bellocq.

A.D.: Entonces, eso ya lo sabe. Bueno, él era un creador. Hay creadores mediocres, pero creadores al fin. Fracasó en la vida porque tenía una sicología poco masculina. Yo lo conduje de partiquino a actor. Hay una biografía del Dr. Sierra, "Discepolín", muy buena. Ahí me acarician mucho. Como actor, lo mejor que él hizo fue el gallego de la obra Babilonia. Y en 1930, en "Invitación al viaje". También hizo un papel en "Fábrica de Juventud", de Alejo Tolstoi, donde componía un personaje que era una especie de Lenin.

N.G.: Entre las cosas por leer, me faltan las obras de teatro. ¿Usted me las podría facilitar? Por ejemplo: Wunder Bar.

A.D.: Wunder Bar la hice yo (se refería a la adaptación, aunque ésta lleva la firma de ambos hermanos).

N.G.: Me gustaría, para interiorizarme del personaje que encarnó su hermano, pero en Argentores sólo encontré "Blum". Las demás (me refería a El Organito y Wunder Bar) no están.

A.D.: Las obras de teatro no interesan cuando se habla de la vida de Enrique. Las obras de teatro son mías. Yo tengo cuarenta obras de teatro y de ellas, doce han sobresalido y todavía se siguen dando.

N.G.: El éxito lo alcanzaron especialmente los grotescos.

A.D.: Efectivamente. "Mateo", "Mustafá" (?), "El movimiento contínuo" (?) y otras.

N.G.: Se considera que en ellos hay una influencia de Pirandello.

A.D.: De ninguna manera. Pirandello no tiene nada que ver ni yo lo había leído cuando hice esas obras...

Me retiré de la casa de De Caro con la sensación de que Armando guardaba un gran rencor hacia su hermano. Asimismo, me llamó sumamente la atención su reacción tan viva al hablarle sobre las obras de teatro, como así también las obras que curiosamente calificaba de "grotesco" y su indiferencia hacia Pirandello.

En punto a entrevistas personales, pues, los resultados son demasiado sugerentes.

A aquellos lectores que les interesa este asunto del "grotesco", les recomiendo que lean toda la producción teatral de Armando Discépolo. Percibirán entonces, nítidamente, en tres obras —que encuadran en la definición de grotescos —características muy singulares, en su filosofía, sus personajes, su simbología e incluso su lenguaje apretado y significante, que nada tienen que ver con las demás obras. En esos grotescos resulta manifiesto el paralelismo con los tangos de Enrique Santos Discépolo y bastan unos pocos ejemplos para disipar dudas:

"Amigo tengo muchos, pero so toda persona decente: no tiene ninguno un centavo"... "E muy difíchile ser honesto e pasarla bien. Hay que entrare, amigo! Sí, yo comprendo: sería lindo tener plata e ser un galantuomo, camenare co la frente alta e tenere la familia gorda. Sí, sería moy lindo agarrar el chancho e lo vente. ¡Ya lo creo! Pero la vida e triste, mi querido colega, e hay que entrare o reventar" "Porque vos lo único que has hecho es confiar en todos los que te hunden y perdonar a todos menos a los que te quieren, porque sos siempre el último... Porque te vas a morir mordiéndote los puños" (de "Mateo" y "Stéfano" con el tango "Qué Vachaché"). "Te debo todo lo que te he prometido cuando creía yegar a ser un rey y te ofrecí una corona de oro mientras te apretaba esta, de espinas, que te yena de sangre. Mire esta mano que yo soñaba cubrire de briyante... con olor a alcaucile" (De "Stéfano" con "Quién más, quién menos"....) "Cuando pendiente de un moto tuyo te rodeen todos los que te aman e tu hayas puesto en cada uno un amor, sabrás que dura es la soledad... La gente se caía al agua como bichos. Se caían, caían. Alguno flotaba, otro se daban vuelta y se hundían dejando globito. Cuando el mar estaba yeno, yeno, yo m'embadurné todo el cuerpo de goma... y me tiré. La gente se pegó a la goma. Yo me hice grande, grande, con todos pegados. Entonces el mar se secó y yo caminando los salvé a todos... Se fueron todos corriendo sin darse vuelta" "Ustedes se piensan que gano esta sucia plata dando vuelta al manubrio. La gano dando vuelta al alma. Se vive rodeado de púa y hay que curtir el cuero... Cuando sepan quí es la gente se van a recordar de mí... Tenía razón aquél estúpido. Sí, macanuda la gente... Una noche sen comida, sen techo, a la caye, con osté en este brazo e Florinda al pecho de la madre, no encontramo un cristiano que creyese en Dios. La gente pasaba corriendo sen merar me mano. Moríte... Moríte co tu hijo... La gente... Aquella noche supe hasta que punto somo todo hermano, aquella noche hice el juramento. Saverio nunca más pide por hambre. Saverio sacále a la gente el alma gota a gota..." (De "Stéfano" y "El Organito" con "Yira... Yira...). Acaricia a la mujer y sin querer le mete un dedo en un ojo y dice: "Siempre así. Es un símbolo éste. Solo hago daño a los que quiero". (De "Stéfano" con "Soy un arlequín"). "Estaba en cuatro pata, yo le puse a la vertical e la última patada me correspondía" (De "Stéfano" con "Fratelanza, manuscrito póstumo") "Qué gana le tengo a ese florero. Siempre le tuve gana. Hace doce año que lo veo. Siempre ayí, nel medio, esperando, qué? (lo rompe). Es mucho. Le he tenido ma lástima que a un hijo" (De "Stéfano" con idéntica situación de "Blum").

A tal punto se manifiesta una identidad de giros, enfoques y hasta palabras, que realicé una sencilla encuesta con alguna gente de "la noche" de Buenos Aires, preguntándoles: "¿Quién es el autor de ésto: "Ya no tengo qué cantar. El canto se ha perdido. Se lo han llevado. Lo puse a un pan y me lo he comido. Me he dado en tantos pedazos que ahora que me busco no me encuentro" ó "Lo que no comprendo es que voy a hacer con todo este dolor que me sobra". Aquellos que sabían que ambos textos pertenecen a "Stéfano", se sonreían sin emitir opinión. Los que lo ignoraban respondían con entusiasmo: Sí, seguro que es de Enrique Santos Discépolo, pero no sé donde lo habrá dicho".

Por otra parte, en las entrelíneas de algunos ensayistas que han estudiado la historia de nuestro teatro, vive también —de intento o no— la misma inquietud respecto a la paternidad del grotesco. Luis Ordaz en "Breve historia del teatro argentino" (Eudeba) sostiene que "Stéfano es la obra más importante" de ese género teatral y después de mencionar como otros grotescos a "Mateo", "El Organito" y "Relojero", recuerda que Armando Discépolo ha colaborado "en piezas reideras que han alcanzado gran popularidad en su tiempo como "El movimiento continuo", pero de muy relativa valoración artística". Valora luego su actuación como director teatral y recuerda que como autor su último estreno fue en 1934, "hace varias décadas". Kive Staif, en un estudio introductorio a "Mateo" (Eudeba) sostiene: "Armando Discépolo fue pasando insensiblemente desde la comedia divertida o el sainete escrito con el telón de fondo del público hacia el drama interior, hacia la nota desgarradora lindante a veces con la tragedia... El año 1923 estreno de Mateo, marca la transición casi definitiva... Allí nace el dramaturgo reemplazando al comediógrafo". Asimismo, Blas Raúl Gallo en su importante "Historia del sainete nacional", al referirse a los autores de los años veinte —Armando Discépolo, Mario Folco, Rafael de Rosa— pero muy significativamente cuando habla de Enrique Santos, sostiene: "Aquí resulta más difícil deslindar el aporte individual a la obra común, pues Enrique también se proyectó en términos dramáticos, con frecuencia pesimistas, como lo revelan sus letras de tango. Quizás en medio de la despreocupada camaradería juvenil de los primeros esfuerzos, sea aventurado inquirir el origen de la chispa primigenia capaz de producir la quemazón del estreno... En su hora se hicieron públicas ciertas discrepancias sobre el trabajo en común, poniéndose en tela de juicio la realidad de ésta o aquella paternidad" (Editorial Quetzal).

Pero el análisis más serio acerca del grotesco lo realiza David Viñas en la introducción a las Obras escogidas de Armando Discépolo (Editorial Jorge Alvarez, 1969). Más allá del lenguaje premeditadamente complejo —"para deslumbrar giles", diría Jauretche— y de algunas desmesuras en que gusta incursionar, Viñas valora debidamente al grotesco y lo define como la denuncia, en relación a las ilusiones de los inmigrantes, "de los límites concretos del proyecto liberal". De ahí que lo esencial del teatro de Armando Discépolo sea, precisamente, su significación", como comentario dramático, del fracaso liberal verificado en las insuperables contradicciones vividas en los años del irigoyenismo". Lo relaciona luego, en tanto acusación social, con el Martín Fierro: "El grotesco, en tanto emergente y elaboración del discurso común del sainete y del tango, resulta al período 1920 - 1930, lo que el Martín Fierro al momento 1870-1880, dos coyunturas históricas en las que un grupo social, se expresa comunitariamente a partir de un sustrato reiterativo mediante la infracción de un poeta individual... Si todo mito requiere una víctima, es por eso que el protagonista de

Armando Discépolo se emparenta con la figura de Hernández en la medida en que al despojarla de anécdota —desfolclorizarla— la reduce, condensándola y la sublima al instalarla en esencia. Porque —agrega Viñas— si en ese período histórico, el floridismo no pasa de vanguardia modernista y si Boedo se contrae por el mecanismo recurrente de la izquierda tradicional, el grotesco resulta la izquierda concreta de Boedo: no sólo por la toma de "inconciencia colectiva", a través de la conciencia individual de Armando Discépolo, sino por expresar la más profunda y válida expresión literaria del fracaso de la inmigración propuesto por el liberalismo y que llega a sus límites de conciencia posible hacia 1930". "El grotesco —insiste Viñas— encarna y elabora con validez el teatro intentado y no resuelto por "Boedo". De este modo, adjudica al grotesco en el teatro el mismo valor testimonial que corresponde asignar a los tangos de Enrique en el cancionero popular como testimonios singulares de la crisis y la frustración argentina de lo cual resulta que —grotescos y tangos— se constituyen en la verdadera expresión rebelde, disconformista, revolucionaria, en el campo de nuestra cultura, superando la dicotomía Boedo-Florida, aunque por supuesto, más cercanos a Boedo.

Sumergido en el análisis de la obra, Viñas no se detiene a responder a este legítimo interrogante que se plantea naturalmente el más desprevenido lector: ¿No será acaso que una misma mano escribió los grotescos y los tangos otorgándoles un mismo sello? O por lo menos, ¿no será que el mismo poeta de las canciones atormentadas, colaboró en las obras que firma su hermano insuflándole el mismo sentido desgarrador e incluso utilizando el mismo lunfardo con esa síntesis tan peculiar, eso que Viñas califica de "economía telegráfica" y que es típica de los tangos discepoleanos?

Aunque Viñas no se lo plantea, sostiene en ese pequeño ensayo algunas afirmaciones demasiado sugerentes que concurren en apoyo de estas hipótesis:

a) Considera que la dramaturgia del grotesco debe ser valorada por los logros estéticos alcanzados "con la misma trascendencia en esos años de la novelística de Roberto Arlt". Pero, ¿cómo es posible entonces que en una larga vida de vinculación con el teatro, como director, autor adaptador, etc. Armando Discépolo solo alcance una obra de real jerarquía entre sus treinta y seis y sus cuarenta y seis años de edad, pues antes ha producido sólo sainetes reideros y después, cesa su producción?

b) "Hasta Mustafá —agrega Viñas— sobre diecisiete obras que firma Armando Discépolo, once son en colaboración". A partir de allí —cuando Enrique ya tiene veinte años— produce catorce obras más y ahora sí, de éstas aparecen diez firmadas solamente por él y cuatro en colaboración. ¿No será entonces que el colaborador en este último período puso su firma en el agua?

c) Para nuestro análisis interesa muchísimo el estudio de Viñas, porque sigue un orden cronológico. Veamos: "En las primeras obras de Armando, se manifiesta por un lado la influencia de sainetes de Trejo y la zarzuela, emparentados con los de Carlos María Pacheco, paradigma de sainetero entre 1910 y 1920 y por otra vía, la influencia de obras tipo "Marcos Severi", la "izquierda" de Sánchez, el teatro de Ghiraldo, cargadas de tensiones, proletarios, discursos. . .". Recién con Mustafá, —en 1921— observa Viñas algunos rasgos del grotesco, pero sólo cuando llega a "Mateo" dice: "Aquí, además de ser la primera obra denominada genéricamente grotesco, las connotaciones surgen desde el comienzo". Entonces, al continuar analizando las obras, Viñas se sorprende, como si la producción de Armando careciese de consecuencia, de continuidad; "Hombres de honor" (1923) "por su ubicación temática resulta un desplazamiento inédito respecto a la constante que venimos siguiendo". "Muñeca" (1924): "Se produce aquí algo similar a lo de Hombres de Honor, en tanto el rasgo estilístico nuevamente se desplaza". En cambio, cuando llega a "El Organito" (1925), firmada por ambos hermanos y que según algunos sería solo de

Enrique, Viñas escribe: "En El Organito, el grotesco englute todo, hasta la escenografía. Ya no hay ni recuerdo de los obreros iniciales, ni del trabajo organizado: a lo sumo, el pasado se palpa en las paredes como humedad. El único trabajo es un trabajo loco, el trabajo grotesco del universo lumpen... Del optimismo previo a 1919 se ha pasado al pesimismo cauteloso, al escepticismo, pero ahora se bordea el cinismo. Al mal no se lo conjura, ni se lo justifica. Se lo asume y también se lo interioriza. Ya no se es torpe a causa del vino o del ambiente. Más aún, la moral deformada es grotesco... Ya no hay discursos ni malentendidos, ni cuchicheos, sino idioma craquelado, corroído y telegráfico, por prescindencia total de la norma; el lunfardo no sólo es el lenguaje secreto y el idioma de los rincones, sino el síntoma de la rebelión contra la inercia de los adaptados. Como nunca, es el componente que más desestructura y separa". Pero luego —1926— Viñas vuelve a extrañarse como si las obras de Armando discurriesen por dos veredas contrapuestas: "Patria Nueva señala otro desplazamiento parcial respecto del grotesco como constante estilítico". Y otra vez —1928— vuelve el grotesco: "Stéfano, como grotesco identificado con el fracaso, recupera y prolonga la tensión de "El Organito" y su tendencia a la expansión... con sus mujeres feas y el consabido sombrero ladeado y abollado, todos víctimas de una explícita idealización de América". Inmediatamente, de nuevo Viñas queda perplejo: "En 1929 "Levantate y anda resuelve otro desplazamiento". (Ya antes ha dicho de esa obra que es un rezago teórico de la época anterior a 1923 donde "los inertes previos demoran en disolverse. Y toda esa arqueología literaria reaparece en las etapas de vacilación"). En 1931 se agrava aún el asombro de Viñas ante una "comedia rosa": "En 1931 'Amanda y Eduardo' implica otro deslizamiento de la seducción propuesta por el teatro de un Defilippis Novoa (el otro autor de grotescos como "He visto a Dios") hacia las tentaciones de la comedia mundana a lo Pedro E. Pico. El trabajo y las necesidades se eluden pero en lugar de proyectarlas al cielo, se impostan en el mundo de la garconiere." Recién en 1934, en la última obra firmada por Armando Discépolo, Viñas encuentra un regreso al grotesco.

Estos vaivenes curiosos en la obra de un mismo autor se verifican no sólo en la temática sino incluso en el lenguaje y Viñas también lo observa: "el pasaje del lunfardo asainetado al lunfardo grotesco, que implica el tránsito del mimetismo divertido de lo pintoresco a la expresión de una contradicción social". . . Y ese paso, "ese salto cualitativo que insinúa Mustafá, se refina definitivamente en "Mateo" donde ya se asiste al lunfardo grotesco". Y agrega: "O si se prefiere, el lunfardo como expresión linguística del grotesco cuyas connotaciones más evidentes van desde la economía telegráfica hasta la eficacia designativa", exactamente esa "síntesis" y ese poder de comunicación de algunas palabras lunfardas a que se refiere Enrique en este mismo libro al explicar cómo compone sus canciones.

d) Finalmente, el mismo Viñas, quizás sin quererlo o llevado descuidadamente por los propios argumentos intelectuales en juego, roza la cuestión que nos ocupa en dos partes de su trabajo. En el momento en que analiza las diversas respuestas que el hombre puede dar a una sociedad que lo sumerge o lo margina, afirma: "Si se confrontan los "reemplazos" propuestos por el grotesco (inventar, robar, prostituirse, enloquecerse, suicidarse, huir y desquitarse), la octava alternativa, el tango, "ese rezongo", esa "injuria", elaboradas musicalmente y cuya culminación en esa coyuntura histórica detenta Enrique Santos Discépolo ¿no significaba un desquite imaginario? Entendámonos: contra los amos, contra los padres y contra sí mismos". (Esos "reemplazos" por otra parte son la temática permanente del cancionero discepoleano: el cambalache moral, "cachá el bufoso y chau" de "Tres Esperanzas", "mamarse bien mamao" de "Esta noche me emborracho", la incitación a "venderse" de "Qué vachaché", la "venganza" de "Sin palabras", el prostituirse de "Quién más quién menos"). En otra parte del ensayo, Viñas se acerca aún más al problema al referirse a la evolución de Armando: "Qué duda cabe que en el núcleo de esa mutación cualitativa que hacia 1916 se presiente, cataliza hacia el 1919, y emerge en 1921, inciden y se insertan otras coordenadas: en primer lugar, el condicionamiento atribuible a la presencia de un actor como Pablo Podestá... y la correlativa y explícita admiración de Armando Discépolo por la grandiosidad de Ermette Zacconi. Y de la menos refinada por Cassaux... En segundo lugar, la creciente divulgación de Pirandello, estrenada por primera vez en Buenos Aires el 7 de julio de 1923, en el teatro Maipo, en traducción de Joaquín de Vedia, que se extendió decididamente hasta más allá de su venida en setiembre de 1933. Y en tercer lugar —agrega Viñas— "la presencia de Enrique Santos Discépolo —"el hermanito menor"— que si desde 1918 se va acercando al teatro con "Los Duendes", se convierte en un típico colaborador (entre alguien que privilegia la pauta actor-letrista con la de quien acentúa la de autor-director) que culmina en 1925 con "El Organito", pieza de los dos y con la temporada de 1929 en los teatros Urquiza, Argentino y Cómico, donde Enrique Santos actúa bajo la dirección de Armando y especialmente en el Nuevo (momento en el cual Enrique protagoniza "Levántate y anda", de Armando).

Aunque ya munido de muchos interrogantes, Viñas no desea ir más allá y se deja en el tintero que Armando se convierte, a partir del momento que se distancia de su hermano, en un gran director que pone en escena más de 500 obras extranjeras y nacionales en teatro y radiofonía durante casi cuarenta años, pero que ya no produce más como autor. Y tampoco alude a la dispar historia de Enrique que, en cambio, mantiene en plenitud su espíritu creador, donde esa mezcla de risa y llanto que es el grotesco no sólo se derrama en sus tangos sino que se perfila en algunas películas ("Pateála, pateála como si fuera una pena", en "El Hincha") o en su última producción teatral donde el personaje central, un todopoderoso hombre de negocios comprende la banalidad de su fortuna ante un amor que se le niega y se retira encorvado de la escena, en pleno día primaveral, repitiendo con voz quebrada: ¡Que raro... Yo siento frío! (Blum). Pero igualmente, con lo que dice Viñas, ya dice bastante.

A todas estas opiniones se suman unas notas publicadas en la revista "Vea" a mediados de 1979 que arriesgan una opinión más definida aún. Bajo el título "Discepolín, el poeta asesinado" se desgrana allí su vida hasta que al llegar a su producción teatral se afirma: "Antes de trabajar como actor, Enrique Santos Discépolo comenzó como autor. Primero en colaboración, luego solo. Estrenó una decena de piezas sin alarmar a nadie. Lo mejor es considerado "El organito", un grotesco que firmaron él y su hermano Armando. Pero hay indicios suficientes para suponer que "Mateo", anterior y "Stéfano", posterior, que sólo detentan la autoría de Armando Discépolo, son más de Enrique que de su hermano. El grotesco resurge luego en tangos y comedias de Discepolín: era un género que se adaptaba a su sensibilidad y su forma de expresión. Al interrumpirse la colaboración fraterna, en cambio, desaparece del repertorio de Armando". Sin embargo, quizás por su audacia, esas notas —que por otra parte tampoco nadie refutó o intentó cuestionar— no aparecieron firmadas.

Pero aún falta algo. Porque si bien los argumentos expuestos son suficientemente serios y convincentes respecto a la participación o influencia de Enrique en el grotesco teatral, resulta legítimo que el lector se pregunte: Pero, ¿por qué? ¿Cómo ha sido posible? ¿Acaso estos elementos de juicio no estaban al alcance de cualquier crítico teatral como para que durante tantos años se ocultase la verdad? ¿La mala relación y aún luego el distanciamiento entre los dos hermanos es motivo suficiente para que, respecto a una creación importante, se glorifique a uno y se silencie a otro? ¿No habrá incidido algún factor social, externo a la relación entre los hermanos Discépolo, que ha hecho posible un escamoteo de tal magnitud?

La respuesta a estos aparentes misterios hay que buscarla, en la Argentina, siempre por el mismo camino: la obtención o pérdida de celebridad para cualquier autor o ensayista, poeta o actor, se liga directamente a la actitud que él asume frente a la cuestión nacional. La superestructura cultural manejada por la clase dominante es inflexible: premia o castiga, respectivamente al intelectual, según éste se someta o en cambio, se oponga al privilegio sumándose a las filas populares. No es por ello mera casualidad que en este asunto del grotesco, el beneficiado —Armando Discépolo— haya sido un antiperonista recalcitrante y el perjudicado, Enrique, un fervoroso adherente a la Revolución Nacional.

Si en 1965 confesaba Francisco García Giménez que "La Prensa" todavía se negaba a publicarle una foto de Enrique en un artículo tanguero (lo que él consideraba razonable pues "el peronismo había dañado mucho al diario de los Paz") y si dieciséis años después en 1981, el nombre de Discépolo —como ya dijimos en la introducción— ha sido eliminado de una calle y de un teatro y subsiste sólo en una humildísima plazoleta de Av. La Plata y Cobo donde un busto de Enrique ha sido roto intencionalmente, es válido este interrogante: ¿Enrique Santos Discépolo, el poeta testimonial de los años treinta, no sería reconocido hoy también como el autor de los grotescos que paralelamente testimoniaron la frustración del inmigrante en los años veinte, en el caso de no haber cometido aquél gran pecado de "Mordisquito", sumándose a la caravana popular en 1951?

Norberto Galasso

— II —
CUATRO SEMBLANZAS DE ENRIQUE SANTOS DISCEPOLO

ENRIQUE SANTOS DISCEPOLO, SEGUN UN REPORTAJE INEDITO A LEOPOLDO MARECHAL

"Discépolo era humanamente maravilloso. Lo conocí con motivo de la representación de mi obra "Antígona Vélez". Yo le había entregado los originales a Apold y no sé cómo éstos se perdieron. Apold me llamó entonces varias veces para que rehiciera la obra pero yo estaba muy molesto y le dí largas al asunto. Finalmente, intervino Evita haciéndome saber su interés en que la obra se estrenara. Por eso me decidí a rehacerla en base a borradores. Fue entonces que llevé "los nuevos originales" al teatro Cervantes y allí lo conocí a Discépolo que actuaría como director de la obra.

"Antígona Vélez" se estrenó poco después, con apenas nueve o diez días de ensayo, urgida la representación "desde arriba" por no sé qué motivos políticos. Por supuesto, no salió bien y no quedé conforme. Con tan deficiente preparación y con actores, en general, de escaso nivel, no podía lograrse un éxito. Discépolo hizo lo que pudo, porque eran más los factores en contra que a favor. Pero lo importante fue para mí que en esos ensayos, antes y después de los mismos, lo traté mucho a Discépolo.

Era un hombre maravilloso. Un auténtico porteño. No en el sentido de que haya nacido aquí, sino en cuanto era producto de una ciudad como ésta, una ciudad cuya gente él conocía profundamente, cuya forma de sentir y de pensar él comprendía como nadie.

Recuerdo que en uno de esos ensayos, Discépolo se exasperaba ante una "recomendada" que no embocaba una y le decía:

"Por favor, querida, te admito que no sepas la letra, te admito que entres a destiempo, pero por favor, dejáte de mover los brazos porque con tus pulseras tapás la voz de todo el resto del elenco".

Después me decía a mí en voz baja: No se oye, no se oye nada. Sólo se oyen sus pulseras". Y agregaba: ¿Y qué podemos pretender? Esta chica es solamente una naricita para arriba y un culito para abajo. ¡Y me viene a tocar justamente a mí!"

Pienso que debe haber sido desdichado. Andaba desarmado, sin coraza. Siempre me dio la impresión de un hombre sediento de ternura, de amistad...

Después lo seguí viendo. A veces íbamos con mi señora al teatro, a la hora que terminaba de representar "Blum". El ya andaba enfermo por entonces. Estaba muy flaco. Las rodillas parecían querer tajearle el pantalón. Fumaba muchísimo. Me dijo que le tenían que hacer unas instilaciones con motivo del cigarrillo. También tomaba siempre su whiskicito. Gustaba, como todo porteño, de la hipérbole. Recuerdo por ejemplo, haberle oído decir: "Estar enamorado es... ¡cómo el infarto!" o en otra oportunidad, creo que en "Blum": "Bueno, basta señor, por este siglo ya hemos conversado bastante". Y otra vez algo más o menos así: "Mirarla a los ojos es... irse a vivir enfrente. Como si a uno la sangre le empezara a circular al revés, como si ya empezara a llamarme "Lopocedis" en vez de Discépolo, en fin, la locura!"

Una vez, en el intervalo de un ensayo, en el teatro Nacional Cervantes, señalándome, le dijo a un grupo de artistas: —Mírenlo a Marechal, ahí callado, con la pipa en la boca. No parece nadie. Y de pronto, de improviso, ¡les suelta un diamante así!..." Y hacía un gesto desmesurado con las dos manos. Otra vez recuerdo que llegamos con mi esposa a la hora de iniciarse la función, por supuesto recién acicalados y nos recibió con ésto: —Mis queridos, ustedes siempre así, siempre tan... como si fueran dos estatuillas que están esperando que las coloquen sobre un piano antiguo".

Pero sus chistes eran como una coraza con la cual se cubría. Como todo porteño, no quería mostrar su dolor. Tenía pudor de ello.

Finalmente, se comprometió con todo, aunque no era político. Recuerdo sus charlas. Decía verdades de a puño. Sé que fue muy amigo de Perón.

Sí, era un hombre de una tremenda calidez humana, verdaderamente maravilloso."

(Reportaje de Norberto Galasso a Leopoldo Marechal, efectuado el 29/3/66 en su departamento de la calle Rivadavia 2341, 7º "30").

DISCEPOLIN: PERSONAJE DE SI MISMO

Corre el año 1926. La vida, como siempre, es difícil. El pan, escaso. De conocida que le resulta la miseria, con ella se tutea. El mañana es la cosa incierta y el hecho siempre improbable de suceder. Durar es casi milagroso. Discepolín dice un día: —Quisiera no estar en mí.

Es puro hueso. Es puro talento. Pero aún no es él. Y lo comprende porque expresa en una rueda donde está Telémaco Contestábile, cuando pasa por la vereda de enfrente —figura de gran abuelo la suya— Alberto Novión: "—Yo soy otro".

Piensa en Montevideo. Tiene, río de por medio, amigos que lo acogerán. Piensa que en alguna revista que se da en salas montevideanas podría encontrar la oportunidad de "enchufar" algún tango. Y se embarca... Al regreso cuenta: "—Qué vachaché fue un fracaso exitoso. No digo que no gustó. Sostengo que no se entendió". Nadie había hablado en tango —un tango de hueso desnudo— como él en "Qué Vachaché" y fue lógico que la gente, cuando se estaba cantando, hablara de Peñarol que le había ganado —justa o injustamente— a Nacional. Eso de vociferar que "vale Jesús lo mismo que un ladrón" no era otra cosa que alarmar a la gente. Sostener que "a la moral la dan por moneditas..." ¿quién lo había dicho?... Discépolo sabía que lo fácil por común y lo común por fácil era conversar en tango de guapos que se enfrentaban en "el bajo" para dirimir derechos acerca de falsas caricias. La letra de tango, como anécdota no "podía" ser otra que el cantar la desdicha del hombre abandonado y a la infeliz costurera que cosía chaquetillas para el Tres de infantería y que de pronto enredó, para tirarla a la marchanta, su vida barata entre las luces del "trocen cadenero". Discepolín traía, en cambio cosas, desusadas. Su audacia le permitía crear el asombro...

....Años después, cuando Discépolo, en 1948, escribe "Cafetín de Buenos Aires" y se advierte en el lejano tiempo de su niñez, pegada la nariz a la vidriera, azul de frío la ñata y las rodillas sucias, frente a la inalcanzabilidad, más que cantarle su dolor, su verdad, su cosa, a un café, lo hace a la vida, que es el otro gran café. Y luego será lo mismo —porque siempre es lo mismo— cuando reconoce: "Como una escuela de todas las cosas ya de muchacho me diste entre asombros, el cigarrillo, la fe en mis sueños y una esperanza de amor."

¡Cómo iba a olvidarse Discépolo de lo... inolvidable! De los sabihondos huesudos y suicidas que anticiparon al juez la carta con el inevitable "no se culpe a nadie de mi muerte" y de aquel ambiente —la vida, siempre la vida— donde aprendió la mezcolanza de la timba y la filosofía y la... "poesía cruel / de no pensar más en mí".

Ternura la de su ternura al confesar la verdad en oro de un puñado de amigos que asistieron a todas sus horas. Nombró a tres —que importa si no existieron como nombres, si vivieron en sangre y en hueso— José, el alucinado, Marcial, trabado en la fe de una espera y Abel que era flaco y se fue. Su escepticismo (¿será eso y no otro nombre?) que le hará formular el deschave cruel de su renunciamiento total:

"sobre tus mesas que nunca preguntan
lloré una tarde el primer desengaño
nací a las penas... bebí mis años
y me entregué sin luchar"

¿Hasta dónde trató de evadirse como de sí mismo Enrique Santos Discépolo, personaje de sí mismo? Sin duda desde antes y durante y después de poner en la voz de Nicolás, personaje de "El organito", el parlamento aquel: "—Yo no le pedí que me trajera al mundo. Estoy aquí sin invitación. Yo he venido a este velorio sin conocer al muerto; me lo presentaron después. Que si usted me dice: che, Nicolás, nacé; haciendo el jorobado, el rengo, o el ciego, vas a pedir limosna toda tu vida, che, Nicolás, mirá que linda es la luz, nacé; rotoso, mugriento, despreciao, vas a tener que dar lástima para comer y si te resistís, leña. Che, Nicolás, nacé. ¿Te vas a perder esto, otario? Vas a ser el hijo mayor de un limosnero, pero no importa, cuando él se muera vos a la vas a gozar... ¿Usted se cree que yo nazco...? Colibriyo! Me hago el sordo, me doy vuelta y ni pa Dios!"

Enrique Santos Discépolo era un poco y todo así. Como aquel Nicolás. Sin un solo deseo de encontrarse a sí mismo. Utilizador de la excusa de contar —el teatro— y de cantar —el tango— las cosas de los otros, no logró desentenderse de la llaga suya, del dolor propio, de la angustia que le perteneció por haber crecido con él, dentro de él, bajo su piel, como una fiebre retorcida, salvando la bondad de su corazón, la ternura de su alma siempre dividiéndola como un trozo de pan, el sorbo de agua que no sobra y se precisa y el mismo rincón de uno donde uno viviendo, se muere.

Julián Centeya
Revista "Ocurrió", 1965

SU "MENSAJE" CON CATULO CASTILLO

Cátulo Castillo juzgaba a Enrique Santos Discépolo como a un poeta singularísimo, no sólo en las letras argentinas sino en el campo de la poesía internacional. Fundamentaba esta opinión en la agudísima sensibilidad de Discépolo para percibir las emociones profundas de su pueblo, como así también en su capacidad para expresarlas. Acostumbraba a decir: "He buscado en distintos cancioneros de habla castellana y sigo sosteniendo que Discépolo es netamente original. En la forma y en el contenido, especialmente en este último. No conozco canciones de ningún lugar del mundo donde se haya cantado de ese modo la tristeza y la soledad del hombre contemporáneo".

Asimismo y no obstante militar en corrientes opuestas en las lides gremiales de la Sociedad de Autores y Compositores de Música, lo unía al autor de "Yira. . . yira. . ." una profunda amistad. El fue quien despidió los restos mortales de Discépolo en el cementerio de la Chacarita en ese atardecer triste de aquella nochebuena de 1951: "Discepolín: frecuentador del alba, la transitaste siempre a la búsqueda del personaje para tu último tango elaborado con el rictus de la vida terrestre que todos padecemos mansamente. . . La gente, que no se equivoca nunca, recogió tu manera y la hizo suya. Se cantaron tus versos y así se inundó el mundo con tus dramas grotescos, con tus pequeñas cosas vibrantes de dolor, de inquietud, de recuerdo y con la misma gracia, la expresión, que estaba en toda tu figura de niño".

Tiempo después, esa amistad se coronó en el tango "Mensaje", cuyos versos compuso Cátulo Castillo sobre una música póstuma de Discépolo, engarzándolos como si fuera el mismo Discépolo quien enviara su último mensaje fraternal:

    Hoy
    que no estoy

> *como ves*
> *Otra vez*
> *con un tango*
> *te puedo gritar*
> *Yo*
> *que no tengo tu voz*
> *yo*
> *que no puedo ya hablar*
> . . . . .
> *Mensaje*
> *con que mi vieja ternura*
> *de criatura*
> *te está prestando coraje*
> . . . . .
> *Hoy*
> *que no estoy*
> *me da pena*
> *no estar a tu lado*
> *cinchando con vos*
> *Mensaje*
> *con que te digo*
> *que soy tu amigo*
> *y tiro el carro contigo*
> *Yo*
> *tan chiquito y desnudo*
> *lo mismo te ayudo*
> *cerquita de Dios"*

Cátulo recordará luego de esta manera la creación de "Mensaje":

"Cuando mi amiga Tania tuvo el gesto generoso de acercarme una melodía póstuma de Enrique Santos Discépolo para que le pusiera versos, percibí en su música la tremenda realidad del espíritu de Enrique superando el misterioso salto de la muerte. Entre esas notas, que eran tan suyas, continuaba estando con nosotros como siempre. Con el viejo lenguaje, con la misma agudeza. Y pensé que él podía haber escrito aquello, acaso en una mañana soleada o en una noche de whiskies, sin saber que realizaba su mensaje desde el más allá, ni que la trampa que escamotea el cuerpo del hombre estaba abierta detrás suyo. El mensaje de Enrique, esta vez sin palabras, me pedía palabras. Pero yo, que no podía tener las de él, tuve que poner las mías y firmar a su lado, en este último regalo que nos hace y que me hace, de una colaboración póstuma, sonriéndome detrás de su naríz y de sus ojos dulces, inolvidablemente cariñosos.

Lo bauticé "Mensaje". Su título quiere significar su presencia y su envío desde el otro lado. Solamente faltan los versos de él, que es lo que no puedo darle, de la misma manera que sigo dándole mi corazón y mi ternura de amigo, desde esta distancia material que todos padecemos un poco.

Este es tu "Mensaje", querido Enrique. Mis palabras hubieran querido ser las tuyas, para poder realizarme en esa belleza incuestionable de toda tu obra y en el significado de tu talento que nosotros no alcanzamos a tener todavía y que siempre, permanentemente admiraremos".

(Reportaje de Norberto Galasso a Cátulo Castillo en SADAIC, 1965 y copia del texto leído con motivo del estreno de "Mensaje").

PERFIL A CONTRALUZ DE ENRIQUE SANTOS DISCEPOLO

Era el perno del humorismo porteño, engrasado por la angustia que vertía sus aceites de melancólica bondad sobre su gran corazón. Y sobre el que giraba sus vueltas de Arlequín sentimental, sensible y sensitivo, derrochándose en sus inigualables letras de tangos, una de cuyas estrofas machucadas de barro y yuyo, enarboló esta frase inaudita que Lope de Vega escuchó verde de envidia en su inmortalidad: "Fiera venganza la del tiempo..."

Todo él era bondad instantánea, veloz, escudada en el humorismo sarcástico del porteño de ley —calle Matheu de su nacimiento y aledaños del viejo Mercado Spinetto— que no despinta su sentimiento y lo esconde con pudores de varón, para que no se le vea la punta acuosa de la lágrima. Por eso decía, ¡cuántas veces, en su camarín al cambiar de ropa: "No me mirés que doy lástima". Y tantas otras frases suyas, que hubiera sido necesario taquigrafiar para la gran antología de la ciudad enorme, para el Testut que servirá un día de texto en la Universidad porteña, mitad calle, otra mitad cancha de fútbol y todo lo demás la calle, otra vez la calle y siempre la calle. Frases que desleía su vibrátil naríz ciranesca y su acento preciso, matemático, con un dejo de vibración itálica, de muy honesta vibración itálica, como los hijos de la Commedia dell'Arte de donde descendía este histrión prodigioso, este poeta "cantastorie", este juglar de los romances de ciegos, este hombre sutil y finísimo que besaba las manos de las mujeres con una anticuada elegancia de pareja de minuet y abrazaba a sus amigos con cariño poroso, evadido de toda su piel en su inextinguible necesidad vital de ternura. Así en la vida y en el teatro, en la diaria jornada de sus días intensos colmados de canciones porteñas, de interpretaciones de Blum, últimamente, en donde prodigándose hasta el desangre estableció la jerarquía absoluta de los grandes actores, pero con fisonomía propia y doliente, su acendrado dolor, su extraordinaria vibración de aleta gloriosa, ese mechón de su pelo, ese "chiuffo" de payaso contemporáneo del que tironeaba en escena para traducir, como nadie podría hacerlo jamás, su arte instintivo y definitivo.

¡Qué lástima que Carlitos Chaplin no lo conoció! Estamos seguros de su gran abrazo, de su soldadura de hermanos siameses en el gran ensueño de la fantasía y del humorismo, en el "ballet" absurdo y genial de la gran comicidad, que es la triste y la melancólica, ésa de cuando se apagan las luces del circo o las candilejas en el teatro y el que hizo reír, el gran Garrik eterno de la farsa eterna, se arruga como un guante olvidado sobre una butaca, repliega sus hombros como si guardara sus alas de ángel, vestido de confección y coloca el pie izquierdo delante del derecho para perderse supersticiosamente en el olvido. Enrique Santos Discépolo no lo podía hacer porque en la calle un cochero silbaba "Yira... yira..." y en el taxi la radio del taxista nocturno descorría las notas de "Confesión" y en la esquina, el increíble temulento del filo de la madrugada, escudaba su sbornia sentimental con "Esta noche me emborracho". Y Enrique se iba con todo eso a cuestas que era su gloria pero también era su cruz.

Hasta que... Su compañera Tania, la intérprete de sus canciones de esquina, de trastienda, de cafetín, de descalabro, de desmoronamiento, de coplas de Manrique trasvasadas al idioma de los argentinos, estaba a su lado. El poeta de la ciudad estaba cansado y parecía dormitar en un sillón de su casa de la calle Callao. De pronto ese pájaro de placita esquinada, de parquecito abandonado, de baldío con zanja arcillosa extraída de la tierra aledaña del barrio de extramuros, donde aún florece un cardo violáceo y se enciende la pepita de oro de las margaritas silvestres, de pronto digo, dijo: "Tengo frío". Y se estremeció, ¡lo juro!, como aquellos gorriones que Hudson, el de "Hace tiempo y allá lejos", veía desde su ventana. Tania solícita, le alcanzó un pullover. Y Enrique dijo: "Ese, no. Dame el de vicuña, el que trajimos una vez". Y Tania, aunque extrañada ante la coquetería de Enrique que pedía el más hermoso pullover de vicuña que tenía, lujo exuberante para el antiguo trotacalles, se lo alcanzó. Era tarde. El frío pudo más y Enrique Santos Discépolo estaba ya muerto, sin poder endosar su pueril pullover de vicuña, sonriente, mirando fija la estela de su último tango en el aire vago de su trasmundo, allí donde una orquesta ideal de violines rotos lo tocaba mientras Francois Villon marcaba el compás con el dedo y lo cantaban los inefables truhanes de la gran Corte de los Milagros Celestial.

Nicolás Olivari

(En el diario "La Prensa", de la C.G.T., 9/8/1953)

COLECCION "LOS MALDITOS"

1 — *Manuel Ugarte, un argentino maldito*
por Norberto Galasso

   La lucha por la unidad latinoamericana y contra el expansionismo yanqui a través de las campañas heroicas de nuestros pueblos que tuvieron en Manuel Ugarte a uno de sus exponentes más consecuentes y lúcidos.

2 — *Escritos inéditos de Enrique Santos Discépolo*

   Discépolo inserto en la cultura nacional a través de textos inéditos donde explica el origen de su producción poética y su compromiso político, en una coherente expresión de su consustación con la causa del pueblo.

3 — *Scalabrini Ortiz y la lucha contra la dominación inglesa*
por Norberto Galasso

   El descubrimiento de la dominación ejercida por el imperialismo sobre la Argentina, así como su mecanismo de sojuzgamiento, a través de una lucha de décadas en la cual Scalabrini Ortiz desempeñó papel principalísimo.

4 — *Felipe Varela y la lucha por la unión latinoamericana*
por Norberto Galasso

   "Sólo a la luz de un enfoque latinoamericano —por encima de las historias chicas de las patrias chicas— es posible captar la verdadera dimensión de la figura de Felipe Varela". La gesta del montonero cuyo ideario, en la línea de San Martín y Bolívar, conserva hoy plena actualidad.

5 — *J.J. Hernández Arregui: del peronismo al socialismo*
por Norberto Galasso

   A través de la vida y la obra de Hernández Arregui, los intentos de integrar en un solo y potente haz las luchas nacionales y el ideario socialista.

INDICE

INTRODUCCION 5

CAPITULO I. Autobiografía 13

CAPITULO II. Cómo nacieron mis canciones 23
    a) Cómo y por qué escribo tangos.
    b) Cómo escribí: "Esta noche me emborracho", "Yira... Yira...", "¿Qué sapa, señor?", "Secreto", "Carillón de La Merced", "Canción desesperada", "Condena", "Desencanto" y "Uno".

CAPITULO III. Apuntes a mi vuelta de Europa 45

CAPITULO IV. Tres historias trágicas 53

CAPITULO V. Risa y llanto en Enrique Santos Discépolo ...63

CAPITULO VI. ¡A mí no me la vas a contar, Mordisquito! ..73

APENDICE 85
    I. El grotesco: una polémica inevitable.
    II. Cuatro semblanzas sobre Enrique Santos Discépolo: Leopoldo Marechal, Julián Centeya, Cátulo Castillo y Nicolás Olivari.

**Impreso en
A.B.R.N. Producciones Gráficas**

**Oyuela 438 - Villa Domínico
Pcia. Buenos Aires**
en diciembre de 1986